情境英语教学

构建与实践

李智 著

西安出版社

图书在版编目（CIP）数据

情境英语教学构建与实践/李智著.—西安：西安出版社，2023.9

ISBN 978-7-5541-7083-0

Ⅰ.①情… Ⅱ.①李… Ⅲ.①英语课—教学研究—中等专业学校 Ⅳ.①G633.412

中国国家版本馆CIP数据核字（2023）第171717号

情境英语教学构建与实践

QINGJING YINGYU JIAOXUE GOUJIAN YU SHIJIAN

出版发行：西安出版社

社　　址：西安市曲江新区雁南五路 1868 号影视演艺大厦 11 层

电　　话：（029）85264440

邮政编码：710061

印　　刷：北京政采印刷服务有限公司

开　　本：787mm×1092mm　1/16

印　　张：15.75

字　　数：204千字

版　　次：2023 年 9 月第 1 版

印　　次：2023 年 11 月第 1 次

书　　号：ISBN 978-7-5541-7083-0

定　　价：58.00 元

心之所向，不以山海为远

　　教育的核心和使命就是让学生学以成人，成为更好的自己。教育界的"工匠精神"就是引领教师明其"道"、精其"术"、取其"势"、专其"业"，助力学生进步与发展。教师不仅要重视学科教学，还要实现立德树人、学科育人的目标，努力实现师生共同成长。

　　《答李翊书》中说道："根之茂者其实遂，膏之沃者其光晔。"其意为，有茂密的树根，就会有丰硕的果实；有充足的灯油，就会有明亮的灯光。凡事只要从根基上下功夫，就会有显著的成效和丰厚的回报，教育更是如此。在漫长的教学生涯中，我始终不忘教育的核心和使命，以"工匠精神"鼓励自己，与学生共同成长，从经师努力向人师迈进。

一、我的成长历程

1. 幸福童年

　　母亲中学毕业就到农场插队，在偏僻的农场小分队里组成了小家庭。我就出生在信息闭塞、交通不便的大山深处。每天早上6点钟，嘹亮的军号声响彻云霄，开启了农场人新的一天。我在这里度过了无忧无虑的幼年时期。唐山大地震发生后，由于地震信息无法及时、准确地传播，大家都不敢睡在家里，都是到操场过夜，这个时候妹妹出生了。我的外祖母接到电报，千里迢迢地来到小分队看望刚出生的小外孙女。小分队里没有幼儿园，只有两间简陋的教室，一到三年级在一间教室，四、五年级在另一间教室，只有一名教师。看到这儿的学习条件这么差，外祖母决定带我回城里念书。她这一英明的决定，给了我接受良好教育的机会。

恢复高考后，我的两个知青阿姨奋发图强，考上了师范院校，成为光荣的中学教师。她们喜爱阅读，博览群书，让我羡慕不已。从那时起，我就下定决心，日后我也要像她们一样，当一名光荣的人民教师！

2. 爱上阅读与运动

上了中学后，我回到了父母身边，当时他们已经走出了大山，调到农场的场部。知识改变命运的信条，已深深地烙在我的脑海里。在众多兴趣中，读书和运动这两个爱好对我来说最为重要，一静一动，阅读丰富了我的精神世界，让我看到更广阔的世界，润泽我的心灵，让我行稳致远；运动强健了我的身体，令我精神焕发，是我投入到学习和工作的动力源泉。

3. 成为职教人

大四那年，我去东莞找工作，到篁村职业中学面试，结果面试一结束，学校就同意和我签约。我喜出望外，马上签约。我一直觉得，我和职业教育非常有缘，我注定就是一个职教人！

20世纪90年代，东莞中职教育已经初具规模了。为了普及高中教育，每个镇都有一所职业高中，职高规模较小，学生都是本地人，大多很调皮。初站讲台的我，矮小、青涩，是无气场、无教学经验、无斗争经验的"三无"人员，被这群熊孩子"折磨"得惨不忍睹。那时，我所教的班级不是电子班就是计算机班，面对着台下五六十号男生，嗡嗡声不绝于耳，此起彼伏，敲讲台都无济于事，我的教育梦曾一度濒临破碎。我痛定思痛，下定决心要与学生斗智斗勇，采取"攻城为下，攻心为上"的迂回战术，和学生交朋友、到学生家里家访，努力提高自己的教学水平和管理水平，终于站稳了讲台。工作的第三年，我被评为区优秀教师。永远忘不了1998年教师节那天，我走上篁村区优秀教师的领奖台，那一刻我感受到教育之光照向渺小的我，让我自豪，催我奋进。

二、我的职教之路

时光的沙漏静静流逝，作为一名一线英语教师，我在中职教师的岗位上已经奋斗了27年，深耕于中职教育，真可谓根茂、膏沃也。无论校名、校址如何变迁，我从未离开过这所职校，看着它从一所仅有600人的镇区级职业高中，发展成为有近6000人的大校，成为广东省高水平建设中职学校，我见证了东莞中职教育腾飞的30年。我也从一名青涩的教学新手，成长为一名老手、熟手，成为东莞市两任英语名师工作室的主持人。每一个阶段的成长与历练，都与教育局、学校给予的平台分不开，与前辈的教导分不开，也与个人的努力分不开。

1. 教而无涯

面对基础较薄弱的中职学生，我遵循"有教无类"的教育观，秉承"以生为本、教学相长"的理念，求真求实，走心走新。回顾我的课堂，一直坚持可持续发展的理念，在教学中追求3H课堂教学模式：让学习发生（Make Learning Happen）！让教学快乐（Make Teaching Happy）！让未来有望（Make Future Hopeful）！追求"以学生为中心，用心地教，帮助学生创新地学，让教育真实发生"的教学效果。精心而又严谨，随心而不失条理，在精心与随心之间自由挥洒，形成了属于自己的趣味而充满生气的教学风格。

我追求润泽心灵成长的英语教学方式，在课堂中关注"心"的成长与发展，构建"自由与平等、理解与倾听、信任与尊重、开放与分享"的教育情境，全心全意地为学生的成长奉献一个对话的课堂、一个开放的课堂、一个探究的课堂、一个建构的课堂、一个感悟的课堂、一个快乐的课堂。

老舍曾言："独辟新风格，时翻古乐声。"我喜欢探索基于以学生为主体的教学模式，激发、激励和激活学生的主体意识，在英语教学中追求多维创新，培养学生的思辨能力，让他们的情思飞扬起来，让他们成为更好的自己。

2. 学也无涯

要给学生一碗水，自己就要有一桶水，我积极参加各种培训和比赛，不断提高自身专业素养。通过选拔、考试，作为骨干教师前往英国参加英语教学法的培训；通过考研，进入大学去深造职业技术教育学；通过国培、省培，开阔自己的教育视界；通过参加教学能力比赛，不断精进自己的教学能力。每一次努力过后，我都觉得自己不过是井底之蛙，需要学习的东西太多、太多。我不断探索适合中职生的教学方法，注重创设情境，发展学生的核心素养，总结出"课前准备三步曲—课中实施四递进—课后拓展三运用"的翻转课堂的高效课堂教学模式，致力于情境英语教材的开发与教学实践研究，从研究中获取前行的力量。

我一直把自己定义为职业教育的一名学习者，默默奋战在英语教学一线，从不敢懈怠，学习先贤的教学理论，领悟各种教育理念。面对学术之巅只能高山仰止，认真倾听优秀前辈、同行的教导。另一方面，我又希望能汇入职教的大江大河之中，和千千万万的职教人一起去追求大力发展职教的伟大理想。我是如此的渺小和微不足道，但是教育的思想把我带入无限与伟大的职教海洋中。我要积蓄行动的力量，和众同行共同努力。心之所向，不以山海为远，愿我们一起成为职教之光，超越有限的精神，在平凡的教书育人中追寻伟大。

目录
CONTENTS ▶

上 篇　英语教学研究

中 篇　英语教学设计与实施

下篇　英语情境教材创编与教学实践

上 篇
英语教学研究

深化教育教学改革，创新教学模式与方法，课程思政融于教学，提高课堂教学质量，充分发挥中职英语课程的育人功能，推动中职英语教学改革，提高人才培养质量，是中职英语教师的历史使命。《中职英语课程标准（2020版）》中多次提到要创设真实的英语学习情境，构建以活动、任务为特征的英语课堂，激发学生的学习主动性，帮助学生在体验中掌握英语知识点，感知英语学习的趣味，提升英语语用能力，培养学生英语综合运用能力，让英语课堂更高效。

"情境英语"应用于高职高考英语语法教学的实践

一、问题的提出

2022年5月1日起施行的新职业教育法，重新定位了中等职业教育为"就业与升学并重"，为打通中职学生升学通道提供了法律依据。参加高职高考成为目前众多中职学生的选择。

高职类高考是一种招生方式，又称"3+证书"考试。"3"为语文、数学、英语三科。英语是高职高考的重要考试科目。但是目前高职高考英语复习中存在一些问题：

（1）中职学生的英语基础较薄弱。大部分中职学生英语学习"欠账"太多，很难在一学期或一学年的复习中迅速补上短板。

（2）中职英语教师在开展高考英语复习备考的过程中使用的教学方法陈旧、落后，以讲语法和做题为主，教学方式呆板、生硬，学生学得很枯燥，学习积极性不高，学习效果不佳。

为了解决这些问题，采用"情境英语"的教学模式不失为提高高职高考英语复习有效性的良好策略。

二、"情境英语"的理念内涵

（一）"情境英语"的基本概念

"情境英语"是基于情境认知学习理论的一种英语教学模式。情境认知学习理论认为，学生的认知过程本质上是在具体的情境中完成有意义的学习的过程。情境是一切抽象认知过程的基础和出发点，教育教学需要把控具体的生活现状和真实环境，不断适应事物变化、发展的客观规律，从情境中获取的知识最终应该再次应用到情境中去（乔纳森，2002）。情境认知学习理论是一种符合当代教育发展路径和规律的教育理论。"情境英语"认为，英语不能孤立地去教与学。针对课程内容，在主题引领下，教师在教学中要创设多元的学习情境；依托语篇，让学生掌握语言知识、文化知识、方法知识和价值知识；通过实践应用，实现知识迁移与知识创新，让学生在真实的社会背景和实践中去了解并掌握语言文化与思政理念。

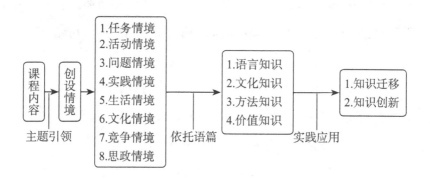

（二）"情境英语"的目标

1. 激发学生的英语学习兴趣，增加学生对英语学习的投入

英语学习投入包括四个方面：情感投入、时间投入、行为投入、认知投入。"情境英语"的目的是促使学生在这四个方面投入更多。"情感投入"是指学生由最初的自卑、厌恶、抗拒转变为投入更多的热情和动力，融入积极的情感；"时间投入"是指花在英语学习上的时间更多，不会只把更多的时间放在语文、数学上；"行为投入"是指学生在英语学习上的行为表现更为积极、努力；"认知投入"是指在英语学习过程中学会使用相应的策略，而不是一味呆板地死读，善于运用学习方法、借助一些学习软件和网络上的学习资源形成自己的有效策略。"情境英语"就是让学生悦纳自我、悦读、悦体验、悦展现自我、悦用发展策略。这是一段快乐的学习之旅，而不是苦行僧的受苦历程。

2. 促进发展中职英语学科的核心素养

中职英语学科的核心素养包括职场语言沟通、思维差异感知、跨文化理解和自主学习的能力。这些因素相辅相成，互相协调发展。"情境英语"通过创设多元情境，促进学生的语言综合运用能力和综合素质的提升：

（1）创设任务情境，提升学生自主学习英语的能力；

（2）创设活动情境，增强学生英语学习兴趣；

（3）创设问题情境，发展学生的英语思维能力；

（4）创设实践情境，培养学生学以致用的能力；

（5）创设生活情境，发展学生健康的审美能力；

（6）创设文化情境，拓展学生的知识视野；

（7）创设竞争情境，激发学生的内驱力；

（8）创设思政情境，发展学生的思辨能力。

三、"情境英语"的教学实践

"情境英语"以"线上+线下"混合式教学为出发点，多模态教学，依托教学内容和步骤，创设多元情境，让学生创造性地学习。本文结合高职高考的常考考点——完成时态进行教学实践和理论研究。以一个课例"高职高考语法选择题解题技巧——三种完成时"进行解析。

（一）课前布置任务，自主学习

课前预习环节是思维活动的预热阶段，为接下来的学习奠定基础，需要激发学生自主学习的兴趣，启动与三种完成时相关的背景知识，从而激活学生的思维、灵感，创设任务情境，为课堂教学的顺利开展做好准备。课前活动分为小组作业和个人作业，如下：

1. Group work （小组作业）

（1）课上：小组讨论并翻译三句相关句子。

（2）课下：以小组为单元在学校云App上观看中国大学MOOC《高职高考英语备考教程》——模块一第八章的时态&语态：现在完成时、过去完成时和将来完成时，并找出以下信息点：

① 三种完成时的基本结构。

② 三种完成时常见的时间状语。

2. Individual work （个人作业）

（1）和partner完成两段电影配音练习。

（2）在雨课堂完成五道相关高考真题。

设计意图：布置课前预习的任务，启动背景知识，激活思维；布置小组作业，培养学生的合作精神；布置个人作业，训练学生独立、自主完成任务的能力。

（二）教学过程创设多元情境

教学过程适时创设多元情境，使语法教学生动有趣，一环扣一环，循序渐进地开展教学活动。

Step1：Warming-up（课前热身）

创设活动情境，增强学生英语学习兴趣。

片段1：

开展Voice acting （电影配音）活动。邀请学生表演著名电影 *The Lord of the Rings*（《指环王》）里的两段配音。

从第一段配音里提取出现在完成时的句子Why have you done this? 和将来完成时的句子When he wakes, I will have saved his life.从第二段配音里提取出过去完成时的两个句子：I wish the Ring had never come to me.和I wish none of this had happened.

设计意图：中职学生有着较强的模仿欲望。通过模仿原版电影为视频配音的活动激发学生的学习兴趣，加强学生对三种完成时态的认知。学生在语法学习之前在轻松、愉快的氛围中开展配音活动，激活了语言储备，提取了相关语法背景知识，打开了思维之路。

Step2：Pre-task（任务前）

（1）Test analysis （对近年来高职高考考查这三种完成时态的情况进行分析）

Year	2013	2015	2016	2021	Total
The present perfect tense		1	1	1	3
The past perfect tense			1		1
The future perfect tense	1				1

（2）Matching game （匹配游戏）

片段2：

① 邀请学生完成与三种完成时态常见的时间状语的匹配游戏。

② 全班评价并复习三种完成时态常见的时间状语。

设计意图：创设活动情境之匹配游戏情境。游戏本身具备较强的趣味性，游戏和英语教学相结合是"情境英语"倡导的教学创新模式，是情境教学的重要方式。创设游戏情境将英语学习和游戏结合起来，能活跃课堂氛围，使英语学习变得更加生动和有趣，引导学生入情、入境，减少传统语法教学带来的枯燥和乏味，增加英语学习的良好体验。英语游戏的方式很多，学习单词可用首尾字母接龙、你比我猜、单词竞赛、分组对抗、闯关游戏等方式；学习句型可用你问我答；学习语法可用由易到难的闯关挑战等方式。

（3）Individual work analysis （个人作业讲评：真题分析）

① 总结使用 "PCRC" 法解语法选择题的四个步骤：

> 1.P—point 定点题目信息
> 2.C—choose筛选四个选项
> 3.R—review回顾重点知识
> 4.C—check 检查翻译逻辑

如图所示：

1. He _____ in London since he was a child.（2021年）
A. lives   B. lived
C. has lived   D. was living

(P) since he was a child.完成时，主语He第三人称单数。

(C) 第三人称单数完成时的基本结构：has/had/will have done。

PCRC (R) 选C。回顾完成时的重点知识。

(C) 句意："从他还是小孩时他就住在伦敦""住在伦敦"
这一动作从过去一直延续到现在，要用现在完成时，故
选C。

② 列举使用 "PCRC" 法分析近年真题中错误率最高的三道题。

1. He _____ in London since he was a child.（2021年）
A. lives   B. lived
C. has lived   D. was living
2. The plane _____ when we got to the airport.（2016年）
A. had taken off   B. has taken off
C. will take off   D. is taking off
3. I hope they_____ this house by the time we come back next
autumn.（2013年）
A. have built   B. will build
C. will have built   D. are to build

③ Group PK （小组PK活动）。让学生以小组为单位一起找出前面
配音电影台词中的完成时，从而总结、归纳出三种完成时的基本结构。

Step3：During-task（任务中）

分成三种形式的任务：个人、小组和全班，调动全体学生的积极性，关注到本课最核心的教学重点。教师总结、归纳做题方法，教师先讲学生后练。

片段3：

（1）Individual task（个人任务）在问卷星微信公众号上完成五道与完成时相关的题目。

（2）Group task（小组任务）小组使用"PCRC"法分析错误率最高的题目。

（3）Class task（全班任务）邀请学生使用"PCRC"法分析错误率最高的几道题。

设计意图：这是本节课中突出重点、攻克难点的核心教学环节。讲解结构支架化、创设问题情境，能发展学生的英语思维能力。在英语教学中如何搭建问题支架、引发学生的积极思考是构建有效课堂的重要基础。"学贵于思"，"情境英语"提倡学生在英语学习中勤于思考，通过思考，书中的知识在教—学—练、做中学、学中做中加深理解，形成语言迁移能力。这种思考的过程就是英语学习过程中分析、整理、引申、归纳的过程，帮助学生自己做出评判，达到学有所感、学有所获的效果。

教师在英语教学中围绕三种完成时的教学内容，加强问题情境的创设，问题层层递进、由浅向深地引导学生进行思考。学生在问题情境的带动下积极、主动地思考，学生的思维能力得到提升。

Step4：After-task（任务后）

片段4：

（1）Video watching（视频观看）

观看视频，开展中译英练习。

（2）Translation improvement（翻译改进）

①用微软件爱写作改进本组翻译。

②拍照发到班级微信群。

③浏览其他小组翻译并在微信共享表格中进行评价。

（3）In-class evaluation（全班点评）

①展示得分最高的小组的翻译，全班进行点评。

②小结：珍惜今天的美好生活，努力学习，认真备考，争取在高职高考中取得好成绩。

设计意图："情境英语"提倡利用信息化教学设备，多模态教学，创设思政情境，让思政教育无痕融入语法课中，培养学生的思辨能力。创设思政情境不仅是课程思政的需要，还是有效教学的要求。化思想教育的外部说教为内在需求，化枯燥为生动，化沉闷为轻松，化抽象为具体。做到"境""情"结合，达到"境""理"合一，"情""境"中蕴含着"理"，使学生因体验而知理，因感受而认同。

本教学环节还体现了评价多元化的理念。小组互评、全班评、教师评，创设竞争情境，激发学生的英语学习内驱力。

Step5：Conclusion（总结）

Step6：Homework（作业）

（1）Individual work（个人作业）在问卷星微信公众号上完成十道与完成时相关的题目。

（2）Group work （小组作业）以小组为单位，将翻译的三句话录成视频，并发送到朋友圈。

设计意图：创设实践情境，使课后任务信息化，培养学生学以致用的能力。

四、结束语

"情境英语"提倡创设各种情境，即使是枯燥的语法教学，也能让学生在多元情境中"悦学"并学有所成。中职英语是一个富有挑战性的学科，面对学情较特殊的学生群体，多元情境的构建，是一个值得探讨和实践的教学模式，积极构建游戏情境、问题情境、文化情境等，能增强学习趣味、激活学生思维、锻炼语言能力、拓展知识视野，打造高效课堂，实现高品质教育教学。

中职英语"三四三"多模态教学模式

2018年4月13日，教育部印发了《教育信息化2.0行动计划》，该计划明确指出，智能化将与数字化、网络化、泛在化同行并进一步领跑。其核心理念就是"融合"——坚持信息技术与教育教学深度融合。《高中英语课程标准》（教育部，2018）强调，现代信息技术为英语教学提供了多模态的平台、手段，教师要适应时代发展的潮流，积极地将信息技术运用到英语教学中，以提高教学的有效性。

模态是指人类通过感官（如视觉、听觉、触觉和动觉等）跟外部环境进行互动的途径和方式；用单个感官进行互动的称为单模态，用多个感官进行互动的称为多模态（何晓灵，2020）。在多模态互动中，言语表达和非言语符号是相互映衬、相互烘托的，通过文字、音乐、图片、色彩等因素的相互作用，受众者可以整体地去感受所传达的信息，而不是简单地阅读或单方向地聆听。

1996年，New London Group（新伦敦小组，NLG）最先提出了多模态教学的概念，是基于新时代信息化的教学变革，更好地利用现代化的信息手段培养学生的能力。

在"互联网+"信息高度发达的时代，信息资源的表现形式多元化，包括文字、图画、音乐、视频等丰富多彩的符号，有利于视、听、说等多种感官的多重表达，这为多模态教学模式的实践提供了资源基础。

一、多模态教学的必要性

（1）在缺乏外语环境、每周英语教学课时又很有限的情况下，选择恰当的组织形式和教学资源，能有效地拓宽教学的时空，为学生提供丰富的语境，帮助学生更好地理解、掌握、吸收知识点，符合学生的认知规律；

（2）实现师生、生生的全面良性互动，调动学生自主学习的能动性，培养合作学习的团队意识，满足学生个性化的学习需求，利用碎片化的时间形成线上、线下的互动，实现多模态的实时互动与碰撞，提高学习的效率，突出学生的主体地位。

（3）实现学生学习全过程的信息采集，详细地反映学生的学习效果和态度，利于教师及时调整教学策略，利于全方位的科学评价，通过真实的实际任务的实施，提升学生的认知能力和思维能力。

二、"三四三"多模态英语教学模式

多模态教学模式即实现多种感官联动，教学设计依据多模态结合的思路，融合课前、课中和课后三大模块的学习，重构教学内容，有效整合各种信息技术手段，通过可视化的视频、游戏、图表、图像、虚拟场景、角色扮演、顺口溜和唱歌等多模态教学手段，生涩、抽象、难懂的教学内容可以生动化，给学生以全方位、多感官的体验，激发学生更高层次的联想，提升学生的英语运用能力。基于多模态教学的必要性，我们通过反复实践，形成了"三四三"多模态英语教学模式，即课前"三步曲"、课中"四递进"和课后"三运用"。

（一）课前准备"三步曲"，解决词汇学习以及预习的问题

一步曲：启动复习或预习，翻转课堂。学生借助UMU互动学习平台或蓝墨云班课等平台完成复习和课前预习任务。

二步曲：学情诊断，精准备课。教师利用平台自动批改功能和AI智能学情诊断器诊断学生预习任务完成的情况。

三步曲：自主学习，攻克单词、句型。利用手机英语学习APP进行单词、句型的自主学习。

（二）课中实施"四递进"，解决教学中的重、难点问题

一递进：导入热点。借助当下时事热点、flash动画和微视频等信息化工具，引入本课主题，检测课前预习效果，寓教于乐。

二递进：突出重点。通过英语学习App，如口语100、微软小英等带有AI智能机器人软件以及凹脑图等软件，布置相关任务，完成重点知识的讲解和练习，实现智能评价和学生自主学习目标，突出本课重点。

三递进：突破难点。利用VR技术、希沃白板等信息化手段，呈现当下热点话题，创设仿真学习情境，使学生身临其境，实现沉浸式体验。

为了更好地突出教学重点，化解教学难点，在教学过程中，依托支架理论，从情景、内容、语言、结构和情感五个方面巧搭支架，让整个教学过程由学生主导，让学生乐在其中。

四递进：项目实训。导入相关热点，设置项目实训任务，让学生完成平台和现场相关任务，在项目实训中巩固本课所学内容。

（三）课后"三运用"，学以致用，工学结合

除了完成相应的书本的课后练习，还可以开展拓展性的实战练习。

如在班级举办比赛；利用学校技能节比赛；开展比拼活动或展示活动等，帮助学生将课堂所学拓展到课外，付诸实践，巩固所学内容。将教学时间和空间拓展到课外，优化教学效果。

三、多模态教学模式的设计原则

（一）以学生为中心的原则

根据教学背景、岗位职业能力要求、学情分析和教学主题与任务，坚持以"学生为中心"的教学理念，采用多模态的混合式教学和支架教学的策略。

多模态的混合式教学，是将传统的学习方式与互联网网络学习相结合，运用视觉、听觉、嗅觉、味觉和触觉等多种感觉，通过语言、图像、声音、动作等多种手段和符号资源进行交际，利用多种渠道、多种教学手段来调动学生的多种感官协同运作，以达到加深理解、强化记忆的目的的教学方法。

（二）多元协同为原则

教师引领，通过"课前准备'三步曲'、课中实施'四递进'、课后拓展'三运用'"三步式的多模态教学模式，学生可以在多模态环境下真正体验到多元学习活动的过程，创造性地完成多模态语言活动，循序渐进地培养学生听说读写的思维能力、多元语言能力和合作学习能力。

（三）多种教法、学法交替使用的原则

根据教学的需要，使用比如任务驱动法、支架教学法、演示法、模块教学法、情境创设法、交际教学法、小组合作法、自主探究法等教学方法。使用任务驱动法，可以翻转课堂，先学后教；使用情境创设法，可以巧搭支架，建构新知识的脉络；使用自主探究法，可以为学生提出

疑问，培养学生的创新实践精神；使用小组合作法，可以让学生相互启发，取长补短。利用智慧教室开展线下教学，采用线上、线下相结合的混合式教学法组织教学，做到线上有资源，线下有活动。

（四）课程思政融入其中的原则

立德树人，以职场工作目标为任务驱动力，结合职业岗位工作过程，从课前自主探索、课中强化技能、课后拓展应用三方面进行系统设计，利用时事热点新闻、视频等设置情境，让思政教育渗透其中，将职业文化的熏陶、工匠精神和劳动精神的培养与"学、教、练、评"进行有效融合。

（五）符合技能循序渐进地提升的原则

按"语言技能—交际能力—认知能力—思辨能力—核心素养"这样一个发展的过程，最终提升学生的英语学科的核心素养。

四、多模态教学模式的设计与实施

教学阶段	分步、分阶段	多模态教学活动（选用）	感官	设计意图
课前准备"三步曲"	一步曲：翻转课堂，启动预习、复习	完成教师在平台上布置的学习任务，如问卷、观看视频、看图片、听听力材料等	视觉、听觉、动觉	1. 提高学生自主学习的能力，拓宽其学习时间和空间，提升其学习能力。2. 通过AI智能学情诊断功能，发现存在问题，以学定教，精准备课，提供丰富的教学资源
	二步曲：教师进行学情诊断，精准备课	平台AI人工智能学情诊断功能		
	三步曲：自主学习，攻克词句	借助英语学习App学会读、写单词和句子；玩游戏、跟读	听觉、视觉	

续 表

教学阶段	分步、分阶段	多模态教学活动（选用）	感官	设计意图
课中实施"四递进"	一递进：导入热点	视频或歌曲；时事、网络热点	视觉、听觉	利用实物，帮助学生触碰真实情境，巩固重点句型，学生运用所学进行语言操练
	二递进：突出重点	支架教学：情景、内容、语言、结构和情感，思维导图等	视觉、听觉、动觉	
	三递进：突破难点	小组活动、VR仿真模拟、希沃白板游戏	视觉、听觉、动觉、触觉	
	四递进：项目实训	视频、辩论、讨论等真实项目，外教点评、思政教育	视觉、听觉、动觉、嗅觉、味觉、触觉	
课后"三运用"	完成课后作业或小组活动	产品介绍、采访等	视觉、听觉、动觉、嗅觉、味觉、触觉	通过练习分析异同，增强理解；学生获得了使用英语真实交流的机会和学习英语的成就感，提升其语言运用能力和思维品质
	班级活动	Pair work, group work 等；海报设计、思维导图等		
	技能竞赛	各种比赛，如演讲、单词竞赛、旅游线路设计等		

本文以《英语基础模块2》第九单元的阅读及实践教学为例，对课前、课中和课后三个环节的教学活动进行多模态教学模式的设计与实施。

本节的阅读教学内容是讲述一个美国人一天生活中处处遇到中国制造的产品的故事。教师根据主题，可以搜集音频和视频等素材，使用一些信息技术，开展多模态的教学活动。

（一）多模态课前准备"三步曲"

一步曲：翻转课堂，启动预习

教师将课前学习资源和英语商品介绍视频上传到蓝墨云平台，发布课前预习指令。

二步曲：教师进行学情诊断，精准备课

教师利用蓝墨云班课的AI人工智能学情自动诊断功能，清楚学生词汇测试成绩，全面了解学生预习情况。

三步曲：自主学习，攻克词句

教师在英语学习App口语100上针对学生在预习时存在的词汇匮乏问题发布单词操练任务指令。学生借助App学会读、写单词，并通过单词拼写闯关、人机对话等形式进行商品信息的问答操练，巩固提升。

（二）多模态课中"四递进"，突破重、难点

在多模态的信息条件下，借助视频、音频、图片、各种辅助软件等多模态资源，创设身临其境的学习环境，能为学生创造更好的语言学习条件，将学生瞬间带入主题语言环境中。

一递进：导入热点，创设情境

播放直播带货视频，教师公布预习情况。

设计意图：训练学生听力的能力和技巧，加强听觉的训练，同时由单一的听觉转向多模态的刺激，为理解文章做准备，提升其语言能力。

二递进：巧搭支架，突出重点

巧搭情景支架、内容支架、语言支架、结构支架和情感支架，呈现出与阅读短文相关的产品和购物经历的相关图片，为学生塑造真实的购物场景，学习词句，制作思维导图，撰写小作文，了解国货销售情况。

设计意图：为学生塑造仿真环境，实现沉浸式教学。多模态的混合

应用，强化了学生学习英语的自信心，提升了他们运用英语的能力和文化素养。

三递进：沉浸体验，化解难点

教师组织学生用VR眼镜观看某无线耳机的介绍并找出四个关键信息点。

设计意图：通过VR眼镜，为学生创设仿真的学习环境，帮助其更直观地观察产品，理解重点知识并完成产品信息句子的撰写，化解本课难点。

四递进：项目实训，工学结合

小组合作，完成购物网站选定产品的英文介绍，组间互评，根据评价进行相应的调整，上传至教学平台。

设计意图：通过购物平台，为学生创设仿真的项目实训环境，将所学真正运用于实践。

以评促学，以评导学，为学生创设真实的英语交流环境。

（三）多模态课后拓展"三运用"

教师根据所学内容开展更深层次的拓展练习与活动，激发学生在新情境中多模态的交互运用，内化迁移知识，并创造性地将知识应用到学习和实践中。

运用一：在购物网站选择一款自己喜欢的产品，做产品信息思维导图。

运用二：产品海报设计。

运用三：制作直播带货视频。

设计意图：真实的职业场景的任务，令学生学有所用、学以致用，充分地调动了各模态的功能，全身心地投入实践中，工学结合，提升了学生思考问题、解决问题的能力，发展了他们的职业能力，也体现了多模态教学活动的有效性。

六、结语

"三四三"多模态教学模式，有多模态的教学手段、多模态的作业形式和多模态的实践活动，充分体现了"以学生为中心"的建构主义教学理念，凸显了学生在学习过程中积极、主动建构新知识的重要性；多模态教学资源相互协同，有效地增加了有限教学时间的教学容量；直观的视听效果，创设了灵动的语言交际情境，对整个教学过程进行了信息的收集与评价。评价的多样性及科学性，激励了学生进行多模态参与，达到了更好的教学效果。在多元语言能力培养模式的教学过程中，重构和拓展了学生多元的语言应用能力，提升了学生的核心素养。

思维地图在中职英语词汇教学中的运用

——以高等教育出版社《英语基础模块》第二、三册为例

　　词汇是培养中职学生英语学科核心素养的重要组成部分。词汇是英语学习的基石，词汇教学设计是否合理直接影响到学生英语学习的自信心、学习体验、认知体验、情感发展和英语学习的效果。教师需要花一定的功夫去研究每一节课的词汇应该如何开展教学，帮助学生有效地拓展词汇，以助力学生更好地理解文本所蕴含的信息，从不同的视角理解和体验文本的精髓。有成效的词汇教学能提高学生学习英语的兴趣和综合运用语言的能力。

　　目前，英语的词汇教学中存在以下问题：

　　（1）词汇教学中教师起着主导作用，常常会忽略学生学习主体性的重要作用；教师进行词汇教学时常常将其独立出来，缺少必要的英语学习语境；教师在词汇教学过程中往往忽视了非智力因素（学习动机、情感、兴趣、态度等）的重要作用。

　　（2）学生对词汇学习的主观能动性较低，更多的还是依赖于教师的教授。学生总是被动地接受着教师对于词汇知识的机械的、枯燥的教学

方式，带读单词—抄写单词—听写单词三步曲，死记硬背，单词遗忘率高，缺乏有效进行词汇教学的方法以及学生有效学习词汇的策略。

（3）现阶段的词汇教学仍以传统教学模式为主，现代信息技术与词汇教学相整合的教学方法没有得到重视。

词汇教学效果不理想，学生学习积极性不高，影响了学生英语学科素养的提高。

在2015年的（国际学生评估项目PISA）测验中，新加坡超越了众多欧美国家，在数学、科学、阅读中都排名第一。新加坡教育成果显著是因为除了国家重视对教育的投入和重视教师专业发展之外，学生还从小学起必修思维地图，这能很好地帮助孩子们厘清思路，认识事物的特征和关系。如果英语的词汇教学也能引入思维地图这种工具，会对培养学生的英语学科素养起着重要的作用。

一、思维地图简介

思维地图（Thinking maps）又叫思维导图，是David Hyerle 博士在1988年开发的一种帮助学习的工具。它的开发建立在语义学、认知心理学等理论的基础上。惠特学院的Alert Upton和 Richard Samson 在语义学和认知心理学的基础上，共同研究、创建了Upton-Samson模式，此模式用来促进学生对知识的理解。思维地图是近几年十分流行的一种思维工具，简单又高效的它在诸多领域中都发挥着巨大的作用。思维地图是一种全新的思维模式，是一种极致展现个人智力、潜能的方法，它结合了全脑的概念，包括左脑的逻辑、顺序、条例、文字、数字，以及右脑的图像、想象、颜色、空间、整体等，可提升思考技巧，大幅提升阅读速度、记忆力、组织力与创造力。思维地图能充分运用左、右脑的机能，通过感官把图像、色彩、关键词和想法联系起来思考问题，利用记忆、阅读、思维的规律，协助人们在科学与艺术、逻辑与想象之间平衡发展，从而开启人类大脑的无限潜能。

思维地图的形式有很多种，可有效利用于词汇教学的有八种。圆圈图（Circle Map）、起泡图（Bubble Map）、双起泡图（Double Bubble Map）、树形图（Tree Map）、括号图（Brace Map）、流程图（Flow Map）、复流程图（Multi-Flow Map）、桥状图（Bridge Map）。这八种思维导图有着不同的功能。

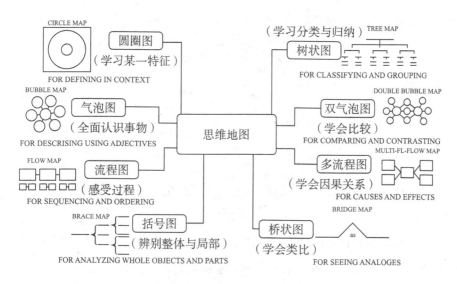

二、思维地图在中职英语词汇教学中的运用

目前很多中职学校采用的英语教材是由高等教育出版社出版的《英语基础模块》这套书。该书是国家规划的新教材，是根据教育部最新发布的教学大纲编写的。这套书的话题贴近生活，突出英语学习的实用性，每单元的词汇都围绕着主题呈现，精练实用。本文将选取圆圈图等

思维地图，并结合具体案例阐述每种思维地图的特点、作用以及词汇教学中的使用策略，引导学生在自主探究和建构思维地图的过程中提升自身的英语学习素养。

（一）圆圈图

圆圈图能够有效地帮助学生学习事物的特征。圆圈图是一个同心圆，内圈画上事物的特征，在外圈画上拥有这些特征的事物。比如我们在学习第二册第四单元I've tried all the means of transportation时，让学生思考How many kinds of transportation do you know？我们需要让学生汇总各种交通工具，于是我们就会用到圆圈图：

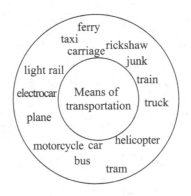

以means of transportation为中心，外圈都是表示交通工具的单词。通过联想，掌握同一特点、不同类型的交通工具。

（二）桥状图

桥状图由一根桥型的横线串联，根据最下面定义的相关因素，在横线的上面和下面填写具有关联性的一组事物，然后在桥的另一端再列出有相似主题的事物。桥状图是确定一组相关事物之间相似点并创建类比的一种工具，为创建和解释类比提供了一种视觉方法。

以第三册第七单元的The convenience store is over there为例，这个单

元主要的教学目标是让学生通过学习有关社区场所及服务设施的词汇，能理解有关场所及服务设施的位置、开放时间和优惠举措等内容。

　　教师首先引导学生根据课文的标题，告诉学生，本课要学习社区的服务设施，然后启发学生Where do you live? What kind of convenient service do you have? 学生们也会说一些supermarket, gym, convenience store, clinic等词。然后教师用PPT展示一幅桥状图，先提供范例，让学生清晰地知道桥状图的基本用法和功能，然后针对"社区"举出几个例子，如诊所、便利店、超市等这些词语与图片的相关性是什么，然后让学生分组讨论，照着这幅桥状图，头脑风暴，利用生活经验，最大限度地激活已有的词汇，从而掌握桥状图的构建方法。通过扩充，学生最后形成了这样一幅很丰富的桥状图。

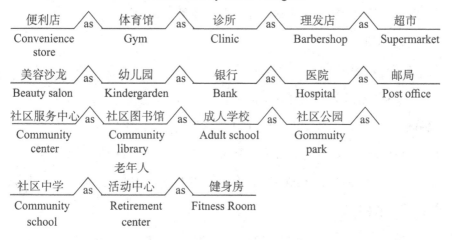

又如在讲解第二册第九单元时，这个单元里有很多表示原材料以及产品的词汇，给学生布置任务，用桥状图展示，学生在原有的基础上，将桥状图从一对一升级为一对多的复合型图，发散了思维，拓展了词汇。

Raw material	Plastic	as	Word	as	Cotton	as	Glass
Product	Plastic bag		Desk		Quilt		Glasses
	Water pipe		Book		Cotton		Window
	Plastic cup		Chopsticks		Padded		Mirror
	Plastic Paill		Chair		Clothes		Screen
			Bed board		Sweater		

根据不同的课文场景，为满足不同类型与不同水平学生的需求，在进行词汇教学时，教师可以鼓励学生将桥状图设计成"文字—图片""图片—文字"或"文字—文字"等形式；教师也可以在设计桥状图时，将部分信息隐藏，然后鼓励学生填写隐藏的信息，以达到记忆单词的目的。

在进行文本学习时，当桥状图直观地呈现了与主题相关的词，为词汇打好了基础之后，可运用于课文的阅读，激发学生思维的灵活性和对阅读的兴趣，为接下来的阅读环节做好准备，也为接下来的语言输出积累丰富的词汇。

（三）流程图

流程图由箭头串联起的小框组成，用来表示步骤、先后顺序或事件发展的过程。为了帮助学生更好地理解课文，我们可以在复习课文时，将课文的要点按步骤拆分开来，能够帮助学生更好地记忆单词和理解课文。如果想要教授的知识点有难度、想要讲述的事情有点复杂，更需要试一下流程图。

第三册第五单元We are going to work as packagers on the assembly line，主要内容是学生到流水线上工作的过程，要求学生能了解流水线上的工作流程和具体的工作内容，在这样的语境下学生要学习很多assembly line之类的词汇，学会如何介绍工作程序。教师可以让学生做一幅流程图，说明包装一个玩具车的流程。学生做出了这样一幅流程图：

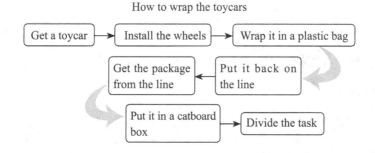

How to wrap the toycars

然后教师借机讲解表示顺序的连词first, then, after that, at last等，要求学生在这样的流程图下，用连词把这些操作过程讲述出来。通过这样的练习，学生能较容易地掌握复述操作过程的技巧了。

（四）树状图和双气泡图

树状图是对事物或想法进行分组或分类的一种思维导图，能够帮助学生对具有相似性质、特征或细节的信息进行分类。最顶端写下被分类事物的名称，下面写下次级分类的类别，以此类推。第三册第六单元在谈及工作要求的话题时，可以用树状图延伸出这些工作要求的词。

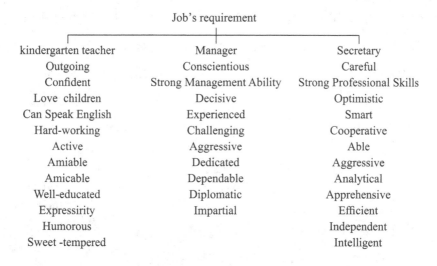

Job's requirement

kindergarten teacher	Manager	Secretary
Outgoing	Conscientious	Careful
Confident	Strong Management Ability	Strong Professional Skills
Love children	Decisive	Optimistic
Can Speak English	Experienced	Smart
Hard-working	Challenging	Cooperative
Active	Aggressive	Able
Amiable	Dedicated	Aggressive
Amicable	Dependable	Analytical
Well-educated	Diplomatic	Apprehensive
Expressirity	Impartial	Efficient
Humorous		Independent
Sweet -tempered		Intelligent

双气泡图是用来对任何两种事物或人进行对比或比较的一种思维导图。

第二册第二单元I saw a terrible movie，主要内容是谈论周末的活动。利用树状图可以把室内和室外活动这两种具有相似性质、特征或细节的信息进行分类。

当学生把这些活动的分类区分清楚之后，可以就play basketball和play soccer进行头脑风暴。让学生分组讨论，做出一幅双气泡图来对比他们的异同。有一个小组的学生经过反复讨论，做出这样一幅双气泡图。然后他们的小组代表用这幅图向大家阐述了他们的观点。这幅图虽然简单，但是凭借这一幅图，学生就可以在这些他们自己提炼的关键词的帮助下，详细地阐述他们的观点，使词汇教学与文本教学很完美地结合在一起。

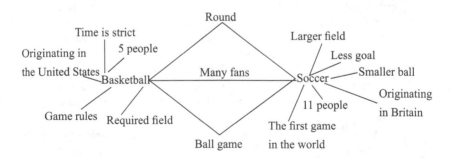

三、反思与感悟

词汇学习是发展学生语言能力、培养英语学科核心素养的重要基础，是影响学生学习英语兴趣及成效的重要因素。这些形态各异的思维地图为学生解决词汇学习上的困难提供了帮助。教师可根据文本的内容，开展具有关联性和实践性的英语学习活动，通过持续的、螺旋式上升的任务逐渐深化核心词汇的拓展深度，以提高学生综合语言运用能力和学习能力，体现英语课程工具性和人文性的特征，实现语言教学的实际意义和目标。

词汇教学也要注重巩固练习与测试并重。知识的连贯性、词汇教学的多样性和灵活性要进行有机结合，将词汇教学与语篇教学融为一体，将学科核心素养的形成和培养贯穿于英语教学的全过程，真正实现有效教学、高效教学。

ARCS学习动机模型在中职英语听说课的实践研究

现行的《中等职业学校英语教学大纲》明确提出，要帮助学生进一步学习英语基础知识，培养听、说、读、写等语言技能，初步形成职场英语的应用能力；激发和培养学生学习英语的兴趣，增强学生学习的自信心。中职英语教学要培养学生树立正确的情感、态度和价值观，掌握学习的策略，提升自主学习能力；引导学生认识中西方文化差异。

听和说是语言输入、输出的具体表现，听、说训练帮助学生掌握语言知识、获取信息、提升语言的综合运用能力。英语教学要求不仅要听懂本节文本的内容、能说本节的相关语言知识点，还要让学生有较为明确的英语学习动机和积极、主动的学习态度，激发学生的学习内驱力，使学生增强自信并有成就感。

一、ARCS 学习动机模型的含义

美国著名心理学家 John Keller 教授（1987）最早提出了ARCS学习动机模型，模型包括四大因素 : 注意（Attention）、相关（Relevance）、信心（Confidence）和满意（Satisfaction）。Keller指

出，教学首先应引起学生对于某项学习任务的注意（Attention）和兴趣，让其知道这项学习任务跟自己相关（Relevance），或与原有的经验密切相关，让其从心理上接受、理解学习任务；然后让其相信自己有能力完成这项学习任务，树立自信（Confidence）；最后通过多种教学评价，让其体验到任务完成后获得的满足感（Satisfaction）。

教学中教师要引起学生的注意力：课堂导入时要以设计新颖、灵活的方式吸引学生对学习的注意；课中利用各具特色的多媒体课件、视频、竞赛、提问等方式来引起学生的兴趣和注意力，创设情境，将所教知识与现实生活相关联；科学、合理地设计教学目标，用适当水平的学习疑问，激发学生产生解决问题的意愿，以切合实际的教学目标增强学生学习英语的自信，鼓励学生主动探索未知以获得新知；重视学生的情感需求，使其获得学习的满足感，对进一步的学习充满期待。教学设计中要注意三点：

（1）四个因素是一个有机整体，不分主次。教学设计时，要考虑课前、课中和课后的动机因素，避免学生丧失学习动机；

（2）四个因素贯穿始终，交叉、重复，灵活使用；

（3）任务的设计要注重层次性和递进性，使学生保持持续的学习动机。教学任务可以由浅入深，由易到难，逻辑清晰、合理，充分调动并维系学习者的积极动机。

二、ARCS 学习动机模型在课堂教学中的运用

本文将以国规教材《英语基础模块2》第二单元I saw a terrible movie中的Listening&Speaking为例，阐述如何运用ARCS学习动机模型完成学生听、说能力的训练，提升课堂教学的实效。

（一）激发学生对本课内容的兴趣

在ARCS 学习动机模型中，注意（Attention）阶段中包括唤起感知（perceptual arousal）、唤起探究（Inquiry arousal）和变化（Variability），即要通过各种课堂教学活动激发学生的探索意识。由于中职学生大多是英语学习的失败者，但是他们有一定的思维能力，对新奇的事物有较强的好奇心，激发中职学生英语学习兴趣是教师在教学中首先要考虑的问题，所以教师在导入阶段要采用个性化、别开生面的方式激发学生的学习动机。利用学生已知的、熟悉的人物、场景进行引导或启发式的提问，以独特的讲课风格引发学生的好奇心，激发他们的学习兴趣、意愿和内驱力。

本课听、说部分主要是谈论周末做了什么、看了什么电影。课前，教师布置两个任务：一是通过口语100 App学习本课的单词和句型，拼读、跟读，自学单词；二是让学生先了解各种电影的类型，并将自己喜欢的电影做一个英语介绍。教师根据学生的课前作业了解学生的水平，精准备课。

教师这样导入：I had a special dream. I dreamt about lots of monsters（妖怪）. A very famous man saved me. He gave me his photo, but I couldn't see it clearly. Harry Potter said："If you can finish six tasks, I will show the picture to you." PPT中出现Harry Potter的图片。

教师创设了Harry Potter设置任务的特别情境。Harry Potter是学生耳熟能详的电影人物。本课正好要讲电影，他是一个很好的媒介人物。这样的故事场景能充分激起学生的兴趣。为了揭开谜底，他们饶有兴趣地跟着教师进入了本课的学习。

（二）关联文本，有效互动

ARCS中的相关（Relevance）因素包括确定目的（Goal orientation）、

动机匹配（Motive matching）和熟悉感（Familiarity）。经过了注意（Attention）阶段之后，激起了学生的学习积极性，教师要在接下来的教学中充分利用一切资源，根据课文的内容以及学生的学习目标、学习兴趣等，努力建立起学生与文本之间的联系，促成两者之间的有效互动。为此教师设置了五个教学任务，与教学内容紧密相关，层层递进。

任务1：小组竞赛。组员请在30秒内接龙说出尽量多的关于周末活动的单词或短语，同组之间回答内容不能重复。班级学生提前分为四个小组，以团队活动的形式来培养学生的团队合作精神，有利于提高学生学习的积极性和开发他们的潜力。

这个教学活动是为了复习上单元有关play、do、go的动词词组，同时也为本课的学习奠定词汇的基础。小组抢答起到了复习和热身的作用。

任务2：Guess what your classmates did and finish the activities in Page18. 这个环节主要是课本中的听力训练题。训练学生能够根据图片提供的信息预测听力内容的能力。本环节依然是小组抢答、积分，可以提高学生的参与性。

任务3：Go to the cinema, talk about films and make a report. 教师以一张影院的图片，激起学生的欲望。

教师提出问题：What kind of movie do you like? 让学生进行头脑风暴，回顾已学过的有关各类电影的单词，如action film, cartoon等。然后给出一系列影片的图片，让学生回答：What kind of film is it? What do you think of it? 以引导学生使用所学过的形容词来形容这些电影。

任务4：Tang Hua and Sara were talking about their weekend, please listen and finish P19. 通过这道听力练习，帮助学生把握主要信息，同时训练学生在听的过程中抓住细节信息的能力，为学生完成单元任务做好语言的铺垫。

任务5：Li Xiaonian and Bob were also talking about their weekend, please listen and finish P20. 这是一篇短文*The King's Speech*的听力训练。在这个环节中，为了避免学生产生倦怠感，教师适时补充了课外知识，介绍《国王的演讲》这部影片，再次激起学生的兴趣。听完录音之后做完形填空的练习，难度较上一题有所加大，但是在前面两题的基础上，学生是可以完成这道练习的。

（三）巧设任务，增强自信

在ARCS动机模型中，学生的学习信心包括三个方面：学习要求（Learning requirement）、成功机会（Success opportunities）和个人控制（Personal control）。教师首先对学生提出学习要求，使其具有成功的期望；确立评价的标准，使其对自我发展能进行合理的评价，帮助他们获得成功的成就感。个人控制是让学生认识到成功是个人努力和个人能力共同发挥作用的结果，获得自我决策的机会。

接下来，设置任务6为：Pair work. Talk about your weekend.发布口语练习的任务，两人谈论彼此的周末，用上之前学过的框架，展示对话。

A: What did you do last weekend? B: ...

A: Did you see a movie? B: ...

A: What do you think of the movie? B: I think it's... How about you? Did you do anything special?

任务难度升级，但是因为有前置练习的铺垫，学生能够根据教师提供的学习框架，顺利完成任务，使学生能够通过完成口语输出的任务，获得成就感。

（四）思政进课堂，提升满意程度

在ARCS动机模型中，满意包括内部强化（Intrinsic reinforcement）、外部奖励（Extrinsic rewards）和公平（Equity）。在教学过程中，教师要让学生在真实和自然的环境中运用所学到的知识与技能，获得内心的满足感。外部奖励可以以口头表扬、积分或物质奖励的形式使学生获得成就感；内部强化会加强学生的内部学习动机。公平、合理的评价方式有助于学生正确认识自己的成绩，帮助他们达成学习目标。

五个任务完成后，教师又将学生带回到课堂开始之初的情境中。Who is the famous man?

神秘的著名人物的面纱终于被Harry Potter揭开了，他就是雷锋！学生的成就感得到提升，学习动机和自信心也随之增强。

接下来，进入小组活动环节，教师提出两个问题： What did Lei Feng do on weekends? How to plan our weekends?

教师用PPT展示了几幅图片，是学生日常的活动照片，如go to the nursing home（去敬老院），plant trees（植树），do volunteer work（做志愿者）等，既引导学生拓展了词汇又在思想上有了一个提高。发散性思维的指引使学生保持强烈的学习动机。

小组同学经过头脑风暴和互助学习，利用本课所学的词汇和句型，学生能流畅地表达他们的周末计划了。分组展示中，有学生说：Lei feng often used his weekends to do good deeds and help others. I'm going to spend this weekend like this: I will go home to accompany my family and go to see an action film name *Warwolf* with them. And then we will go climbing to exercise our bodies...通过前面教学的输入，学生能有效地输出。小组PK使学生的学习热情高涨，朋辈学习，通过借鉴他人，丰富自己的思维。

接着教师开展富有正能量的启发：Cherish your weekend, and enjoy your life. Life is like a movie, and you are the director. Comedy or tragedy, wonderful or terrible, it's up to you. "人生就像电影，而你就是导演。喜剧或悲剧，精彩或无趣，都取决于你"。思想升华体现文化育人，有助于学生获得学习的满足感。

最后，教师布置作业：Plan a special and meaningful weekend, and implement the plan. 让学生课后完善课堂练习并加以实践，学以致用，学生完成作业的信心十足。

教师制订评价的标准，对学生的表现进行全面、中肯的评价。

评价项目	序号	能力要求	满分	学生自评	学生互评	教师评分
学习状态	1	课前预习	10			
	2	课中表现	20			
	3	课后拓展	10			
基础知识	1	词汇学习	15			
	2	句型学习	15			
	3	听说训练	20			
小组活动	1	参与程度	10			
综合评分						

学生根据评价表，对自己的学习有了更正确的认识，体验到学习之后的满足感，同时也看到不足，找到努力的方向，学习动机进一步加强。

三、结语

本课应用ARCS动机模型理论，寓教于乐，以故事人物串联，将枯燥的知识点转化为生动、有趣的互动。通过支架，层层推进教学重点，在"做中学，做中教"的小组合作实践中有效突破教学难点。

结合现实生活，以真实生活项目为学习任务，为学生提升英语运用能力提供了机会。中职英语教师应考虑在教学中如何更好地运用这个模型，提高教学的有效性。

支架式教学模式在英语口语教学中的应用

——以一堂口语课How to introduce Dongguan为例

随着中国"一带一路"的不断推进，英语作为使用范围最广的语言，其重要性不言而喻。英语口语是一种综合性的思维活动，它体现了学生对词汇和语法等知识的掌握水平、分析思考、语言表达和互动能力。《中等职业学校英语课程标准》（2020年版）强调要加强对学生英语口语能力的培养，中职学生高职高考必要证书PETS考试中设有口试部分，每年都有国家、省、市级英语口语的职业技能大赛，英语口语教学受到普遍关注。教育研究者和一线英语教师在理论和实践方面，不断探索适合中国学生和中国国情的英语口语教学模式。

但是长期以来，我国以升学为导向的英语教学模式，加上缺乏语言环境和使用机会，许多中职学生不愿意开口说英语，口语表达能力不佳。支架式教学模式常用于英语写作教学中，笔者经过教学实践，发现其应用在口语教学中效果良好。

一、支架式教学模式

支架式（Scaffolding Instruction）教学模式源于维果斯基（Vygotsky，1978）的"最邻近发展区理论"（Zone of Proximal Development），以他的辅助学习理论（assisted-learning）为基础，形象地借用了建筑行业的"搭脚手架"（scaffolding）的概念，即教师在进行教学时，将复杂的学习任务进行分解，通过先小后大的顺序，学生可以掌握、内化和建构所学的知识、技能，逐渐建构起整体的概念，从而达到深刻、全面的认识。教师先搭建"支架"，把学习的任务输入给学生，最后撤去"支架"，让学生的学习成果输出。

支架式教学模式有三个阶段：预热、探讨和独立探索。其特点是化繁为简，以支架搭建知识点，帮助学生理解与掌握。支架式教学模式用于口语教学可以细分为五个教学环节：

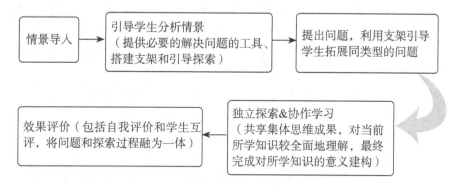

在支架模式下，学生的"学"是不断建构自身的过程，教师的"教"是一个必要的脚手架，支持学生不断地建构自己、不断建构新的能力。支架式教学模式被定义为"应当为学习者建构对知识的理解提供的一种概念框架"。所谓"框架"就是为了发展学习者对问题的理解力，先要把复杂的学习任务加以分解，以帮助学习者逐步深入理解。

二、支架式教学模式的英语口语教学实例

笔者以一堂口语课How to introduce Dongguan为例，展示在口语教学中如何运用支架式教学模式，具体步骤如下。

（一）以学生发展为中心

活动设计必须充分体现目标语言、话题语言的运用，紧扣教学任务设计，能够为学生提供足够的支架和做好铺垫，范例中出现重点词汇和句型的运用，体现了输入与输出的一致性，给予学生完成口语任务的信心。第一环节情景引入，为了让学生明白如何介绍一座城市，教师先选用了英国BBC电视台2016年拍摄的《春节》纪录片中介绍香港的部分视频给学生观看，让学生了解如何介绍香港。香港是学生比较熟悉的地方，观看介绍香港的视频为学生接下来介绍东莞设立了内容相关、体裁相近且贴切学生生活实际的话题，搭建了一个如何使用相关的词汇、句型和语块的支架。

看完视频，教师让学生根据视频里的解说词完成一道完形填空题。填空的词主要是location，population，economy和language等词。让学生知道介绍一个地方需要用到哪些词汇。

（二）引导学生分析情景

教师提出问题：Which part of HK impresses you? 引发学生思考，让location，population，economy和language这些词汇再次渗入学生的头脑中。然后针对这些词汇，复现视频中的表述，讲解如何使用这些词汇。如：

（1）The location of HK介绍地理位置要用到lies/ is located...，

includes/ is made up of/ consists of, It has/covers an area of ... (square kilometers）, With an area of ...等。例如Hong Kong lies/ is located on the southern coast of China, bordering Shenzhen. HK includes/is made up of/ consists of more than 250 islands.

（2）The population of HK 介绍人口要用到has a population of/with a population of 等词组。例如Hong Kong has a population of over 7 million people. Hong Kong is a city with a population of over 7 million people.

（3）The language of HK介绍语言要用到include/cover等词汇。例如The daily language of Hong Kong is Cantonese while its official language includes/ covers Chinese and English.

（4）The economy of HK介绍经济要用到 is regarded/considered as等词组，例如HK, which is rich in Rolls-Royces and billionaires, is regarded as a global center of finance.

接着拓展知识点，引出下一个话题 "If you were the speakers, what else would you talk about HK？" 引导学生关注area，food，scenic spots，your feeling等话题所涉及的词汇、语块，拓展词汇和句型知识。如：

（1）The area of HK介绍面积要用到It has/covers an area of... (square kilometers）, With an area of...等词组，例如HK has/covers an area of 2755 square kilomefers. HK is a city with an area of 2755 square kilomefers.

（2）Food & Drink介绍饮食可用到 is popular with/among等词组，如Dim sum and milky tea are very popular with/ among HK people。

（3）Scenic spots 介绍旅游景点（places of interest），可先了解香港一些景点的表达方式，如Hong Kong Ocean Park，Disney Land，Wong Tai Sin Temple等。可举例：Hong Kong also has many places of interest/ scenic spots to visit, such as the Disney land and the Avenue of Stars. The wonderful scenery attracts lots of visitors every year.

（4）Feeling的表达方式。V+ing/ed表示客观或内心的感受，excite—exciting—excited等。

（三）提出问题，利用支架，引导学生拓展同类型的问题

教师搭建支架，促进学生由现有水平向潜在发展水平转化。首先搭建第一个支架，总结介绍一座城市的方法：

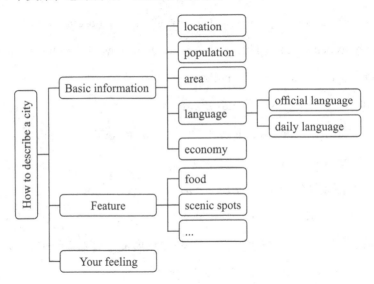

提供相关口语表达的支架模式的支持，降低学习任务的难度。

语言输出是最终目的，教师给出任务。以东莞第十届英语口语大赛为主题创设一个真实的语言环境："The theme of the 10th Oral English Contest is Dongguan in Your Eyes. Please make a speech about Dongguan. Your speech should include the basic information, features and your feeling about Dongguan." 要求学生分组讨论，然后派代表上台展示。

（四）学生进入独立探索的阶段

通过上述支架启发学生注意该话题所涉及的语言要点和交际术语的得体性、准确性和简洁性。逐步引导学生独立探索、领会新出现的语言结构。教师帮助学生巩固已有的语言结构，加深学生对新语言结构的印象，要求学生根据支架掌握相关的表述方式。东莞的景点表述，如Ke Yuan Garden（可园），Longfeng Mountain Villa（龙凤山庄），Songshan Lake Misty Rain（松湖烟雨）等。东莞的美食lychee（荔枝），rice dumpling（粽子），malt sugar（麦芽糖）等。通过这些小支架，为下一步的交际运用铺平道路。

为了更完美地输出，教师又搭建一个难度更高的支架，要求学生在原有支架的基础上做出一个完整的speech（演讲）：

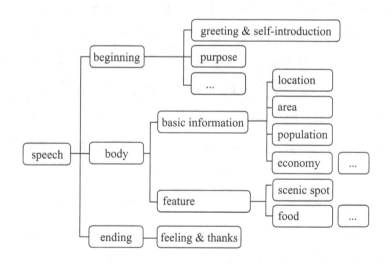

学生在分析、理解新的语言结构的过程中，可以深化对话题内容的理解，逐渐达到语言形式和语言内容学习的互相推动、互相促进的目的。

（五）效果评价

经过以上环节的铺垫，小组成员能比较顺利地在规定的时间内完成介绍东莞的任务。通过Pair work 同桌之间相互练习、相互提示、相互改正，学生能根据已有知识开展互评，奠定了语言输出的基础。再通过Group work（小组讨论），加深对语言知识的理解和领悟，提升团结协作的学习能力，共享协商讨论和独立探索的成果。然后PK赛，每小组派代表上台演讲，小组互评、教师点评。有位同学是这么演讲的：

Good morning, honorable judges. Today I would like to introduce Dongguan to you. Dongguan is located in southern Guangdong province, neighboring Shenzhen. It has a population of more than 8 million. It is made up of 4 subdistricts and 28 towns. The daily language of Dongguan is Cantonese. With its fast developing economy, the city is regarded as one of the "four small tigers" of Guangdong. Dongguan also has many scenic spots to visit, such as Keyuan Garden, Longfeng Villa and Songshan Lake Misty Rain. The wonderful scenery attracts lots of visitors every year.

What's more, Dongguan is rich in fruits like lychees and longans, both of which are my favorites. There are a lot of special food such as rice dumpling, sausage, malt sugar and so on.

Dongguan is such an exciting city that I highly recommend that you take a trip to Dongguan.

That's all for my speech. Thanks for your attention.

（画线部分为重点词汇和句型）

在两个大支架以及若干个小支架的帮助下，学生能轻松地展示学习成果，清晰、流利地介绍东莞，达到了高效输出的目标。

三、教学反思和分析

口语教学中，教师作为学生知识建构过程中的指导者，要做好以下几个步骤：

（1）制订好主题鲜明的教学计划，巧妙创设具体情境，建构兴趣引导型、协作引导型或探究引导型的自主学习口语语境，引导学生主动融入口语学习环境中；

（2）条理清晰、有计划地搭好支架，解决学生在口语表达过程中所遇到的困难与问题。为了达到这个目标，教师要认真考虑采用何种教学素材，优化课堂教学设计，以提高教学效率；

（3）发布具体学习任务，以任务为驱动力，学生根据学习目标积极查找相关学习内容，主动参与口语活动。学生自主选择适合自身情况的自主学习方法与策略完成学习任务；

（4）教师对学生的口语学习结果进行形成性评价与反馈，提升学生口语自主学习的积极性和能力，最终达成口语学习的目标。

学生口语水平的提升过程是一个艰辛但富有创造力的过程。基于支架式教学模式，通过层层建构，帮助学生巩固所学知识，促进语言能力的发展，为其英语脱口而出奠定基础，并使其成为条理清晰、具有评判性思维的人。

学科核心素养背景下英语高职高考
备考策略研究

——2023年阅读理解新题型引发的思考

职业教育是与普通教育具有同等重要地位的教育类型。2022年4月，第十三届全国人大常委会第三十四次会议通过的《中华人民共和国职业教育法》明确指出，国家要建立符合职业教育特点的考试招生制度。高等职业学校可以按照国家有关规定，采取文化素质与职业、技能相结合的考核方式招收学生。"3+证书"考试一直是高职高考的主要考试形式，学生必须具备一本专业技能证书（可以是全国公共英语一级证书或计算机一级证书，也可以是1+X证书），同时笔试考语文、数学、英语三科。在"升学与就业并重"的导向下，高职高考成为中职教育的重要组成部分，高考的风向标引领着教学改革。

一、广东省英语科目的新变化及其原因

2023年广东高职高考的英语题型发生了一些变化，令人措手不及。

（一）变化原因

在2023年之前，高职高考命题以2009年教育部发布的《中等职业学校英语教学大纲》为依据，参照中华人民共和国教育部2003年发布的《普通高中英语课程标准（实验）》和普通高等学校招生考试大纲英语科的考查要求，考查考生的英语基础知识、基本技能、职业活动中的英语应用能力。同时还考查考生对中国文化、西方文化的粗略了解、考生初步的跨文化意识和基本的跨文化交际能力，以及其情感、态度和价值观。

2020年3月教育部发布了《中等职业学校英语课程标准》。新课标明确提出了中职英语学科的核心素养的概念。英语学科的核心素养由职场语言沟通、思维差异感知、跨文化理解、自主学习四个方面构成，它们既相对独立，又相互交融，构成了有机的整体。学科核心素养是学科育人价值的集中体现，是学生通过学科学习与实践而逐步形成的正确价值观、必备品格和关键能力。英语课程的目标要与这四个方面相对应，教学设计也要与核心素养相对接。

2020年颁布了新课标，到2023年正好是新课标颁布三年的时间，20级学生是在新课标指引下开展英语教学的第一批学生。中考和普通高考中都没有纯语法选择题，所以2023年的英语试题发生变化是常理之中的。

（二）题型变化特点分析

1. 题型变化

旧题型	分值	权重	应试类型	新题型	分值	权重	应试类型
第一大题：补全对话	5题10分	6.6%	识记	第一大题：补全对话	5题10分	6.6%	识记

续 表

旧题型	分值	权重	应试类型	新题型	分值	权重	应试类型
第二大题：词汇	10 题 20 分	13.3%	识记	第二大题：词汇	10 题 20 分	13.3%	识记
第三大题：语法	10 题 20 分	13.3%	识记	取消			
第四大题：完形填空	15 题 30 分	20%	运用	第三大题：完形填空	15 题 30 分	20%	运用
第五大题：阅读理解	共 3 篇，15 题 30 分	20%	运用	第四大题：阅读理解	共 3 篇，15 题 45 分，第 3 篇改为 5 选 5	30%	运用
第六大题：语法填空	10 题 20 分	10%	识记、运用	第五大题：语法填空	10 题 20 分	13.3%	识记、运用
第七大题：完成句子	5 题 15 分	10%	识记、运用	第六大题：完成句子	5 题 15 分	10%	识记、运用
第八大题：应用写作	1 题 10 分	6.6%	运用	第七大题：应用写作	1 题 10 分	6.6%	运用

2. 英语试卷呈现出以下新变化

（1）题量变小。减少零碎信息。

（2）分值变化。阅读理解和语法填空的单项分值增大。命题显示出一个信号，英语教学要回归语言学习的核心：以核心素养为导向，培养信息理解和分析的能力，培养语言思维能力。篇章阅读量变化不大。

（3）删掉语法选择题。淡化纯语法知识点的考查，强化篇章、文本理解，重视阅读、写作能力的培养，考查语言综合运用能力，这是学科核心素养需要学生锻炼的能力。

（4）考题从此由识记特征转变成识记运用特征；由识记型的考试转

化成识记运用型考试。

2023年的试题在重点考查考生"基础知识、基本技能、职业活动中的英语应用能力"的基础上，有意识地加强了对中职学生在信息获取、处理和传递等职业英语素养方面能力的考查，体现了选拔性考试应具有"较高的信度、效度以及必要的区分度和适当的难度"的特质。试题既注重了在语篇中对英语综合应用能力的考查，又突出了对学生语言能力及思维品质的考查。这对未来高三英语复习、备考、教学具有较好的启示作用。

二、对2023年阅读理解题的命题分析

（一）阅读理解题的总体特点

阅读理解题分值增大，由原来的30分提高到45分，呈现出以下特点：

（1）信息量大，语言地道，话题新颖（第一篇的主题是保护热带雨林，第二篇讲了一个私人的小图书馆，第三篇主要讲牛仔的工作）；

（2）题型规范，考点分布均匀。试题题干部分分布均匀，阅读理解常见题型都有覆盖；

（3）事实细节题多，推理信息量大。试卷以事实细节题和推理判断题为主，加大了对推理判断、观点态度试题的考查。

（二）对阅读题新题型——五选五的剖析

今年高考的新题型是五选五题型。五选五原题如下：

41题：该考题的空格放在段末，通常是对段落的总结或结论。

People may think cowboys in the modern age are completely different from what they used to be __41__ . 题意为"人们可能认为现代的牛仔与过去的牛仔完全不同"。从题干中出现的different，学生可以大胆地推测，

应选择D选项。因为选项D. Yet, the difference may not be as big as people think.意思为"然而，差异可能没有人们想象的那么大"里面出现了difference，与different是同词根的词，意思一样。

42题：该考题的空格放在中间，需要注意上下文的关联意思。

In many parts of those areas, there are steep hills, rivers and streams, forests and rocks. <u>42</u> The only ways to travel the long distance in such areas are on horseback or on foot; and you can't chase cattle on foot!

前句的意思是"在这些地区的许多地方，有陡峭的山丘、河流和小溪、森林和岩石"。后句的意思是"在这些地区长途旅行的唯一方式是骑马或步行；你不能步行去追牛！"下文中介绍了出行方式，选项C.It is not possible to use a car, not even motorcycle.意思是"不可能使用汽车，甚至不可能使用摩托车"。提到了car, motorcycle这些交通工具，与后文相对应。故答案为C。

43题：该考题的空格放在段首。这一段缺少中心句。要考虑上下文逻辑。

<u>43</u>.They have lots of jobs to do。后面的意思是"他们有很多工作要做"，正好解释了中心句Cowboys are working men.故答案为A。

44题：该考题的空格放在段末。要考虑递进，上下文逻辑。

The job has a very special reputation（名声）；it is different from other jobs, but it can be hard work <u>44</u>.意思为"这份工作有一个非常特殊的名声；它与其他工作不同，但它可能是一项艰苦的工作"。这一段介绍了cowboys的工作special reputation, different, hard work，最后用一个连词besides顺承一下说明it is not well paid.意思为"此外，工资也不高"。故答案为B。

45题：该考题的空格放在段末。

这一段的中心句在句首Cowboys'job can also be very dangerous, so they need to carry guns.意思为"牛仔的工作也很危险，所以他们需要携带枪支"，关键词gun作为提示。最后一句There are bears too, but they do not usually attack humans __45__ .意思为"这里也有熊，但它们通常不攻击人类"，作为文中最后一段的最后一句，用副词Nevertheless表转折，同时说明it is useful to have a gun, just in case. "带把枪是有用的，以防万一"。故答案为E。

从题目可知，新增题型五选五的这篇文章是偏故事性的文章，出题规范，难度不大，较普通高考的七选五难度要低得多。五个空的分布不是只放在段首或段尾，也有放在中间的。

对以下几种能力进行了考查：

（1）从阅读中获取信息的能力。

（2）推理、判断的能力。

（3）恰当运用阅读技能及解题策略解决问题的能力。

（4）考生准确筛选正确信息的能力。

从语篇中抽出一句话让学生去填，需要学生要整体理解语篇意思，要掌握一定的词汇量和基本的语法知识，也需要一定的做题技巧，可以考虑采用排除法。

（三）五选五做题技巧

五选五题型与完形填空相似，完形填空抽出的是词，而五选五抽出的是句子，但考查方式是一样的，只要选择的答案能够使行文连贯，符合英文表达习惯就可以了，因此，这两类题型在做题方法上有共通之处。

1. 分析选项特点

该题型选项大致可分为主旨概括句（文章整体内容）、过渡性句子（文章结构）和注释性句子（上下文逻辑意思）三类。主旨概括句能看出整段或全文的主题，过渡性句子反映文章的行文结构，注释性句子使上下文联结，不会脱节。

2. 从设空位置去判断

（1）如果空格出现在段首，那么大部分时候是关于这一段的大意。这时就要通读整段再选择能够体现整段意思的句子。

（2）如果空格出现在段尾，那么通常是指事情的结果或者是总结句。

（3）如果空格出现在段中，那么这时要根据空格前后的句子意思、备选选项的句子意思以及句子之间的逻辑关系来确定答案。

（4）五选五考查的是语篇的连贯性和一致性，因此就要使用到各种达到连贯目的的衔接手段，即：逻辑衔接、结构衔接、词汇衔接。

2023年新题型五选五主要运用的是逻辑衔接命题的。常见的逻辑衔接有：

① 并列与递进关系：not only...but also...，not...but...，moreover等；

② 因果关系：because, for, since 等；

③ 转折让步关系：but, however, yet等；

④ 时间关系：afterwards, at first, at last以及一些具体的时间等。

对于逻辑衔接命题的做法是：

① 阅读各个空的前后句，标记关键词；

② 细读五个选择，弄清楚上下文相关含义；

③ 比较并匹配上下文关键词，确定答案；

④ 将确定的答案代入原文，看看读起来是否通顺。

三、基于核心素养的备考策略

（一）理解学科内涵，掌握高考考查方向

在中职英语学科核心素养的要求中，学生能力的培养是关键。要深刻理解中职英语学科核心素养的思想内涵，以课程标准、教学大纲、考试大纲和历年真题为导向开展教学与备考，导向清晰而精准，才能做到有的放矢。

（二）夯实基础，提高语言应用能力

语言能力是构成英语学科核心素养的基本要素。在阅读理解中，它包括词汇知识、语法知识、语言知识、语篇知识和语用知识，以及学生基于语篇所开展的学习活动。因此，要注重以下几个方面的训练。

1. 重视词汇教学

词汇量的大小决定了高考成绩，是英语学习行为有效发生的保障，是提升语言技能的保障。新课标明确指出高职高考有2490个词汇，较以前的2050个词汇有所增多。强化这2490个词汇的教学与记忆，听写、默写，反复练习。

2. 改变语法教学方式

语法还是要教的，但是要弱化英语教师多年习惯的语法教学方式，要习惯采用语法填空的方式进行练习。语法训练设计要从单选题型过渡到综合运用题型。

（三）广泛阅读，提高跨文化理解能力

除了阅读课本里的文章，还可以阅读一些英语公众号或外刊上的文章。广泛阅读高质量的文章有助于学生理解、认同国外优秀文化，有助于培养学生在全球化背景下跨文化的认知、态度和行为取向。

跨文化理解是英语学科核心素养的重要组成部分，它有助于学生增强国家认同和家国情怀，有助于学生语言能力和思辨能力得到双重的提高。

（四）通篇考虑，提高思维差异感知能力

思维差异感知是在不同文化背景下思维的多样性、逻辑性、批判性，思维差异感知通常要求学生在做阅读理解题时，能根据原文提供的事实和线索进行推理和判断，哪个是文中提到的细节、作者的原意、最适合的标题、作者的态度等。思维差异感知能力是阅读理解能力的重要构成部分，是阅读理解题型重点考查的能力之一。

备考阅读理解题要强调通篇考虑。阅读是一个多维分析和综合应用的过程。多维分析是要把阅读材料分解成词、句和段，以理解语篇的所有内容，既要连贯思考阅读材料的细节问题，又要理解其中的逻辑关系。通过整体的理解，最终达成对全文的中心思想、层次结构、行文线索及作者的写作意图和态度的理解的目的，使他们能够从跨文化视角观察和认识世界，对事物做出正确的价值判断，从而真正提高学生的思维差异感知能力。

（五）遵循原则，制订完善备考方案，提高学生自主学习能力

做好三年规划，夯实基础，长期积累，循序渐进。高职高考的备考是一个长期作战的大工程，应该把三年列入备考的战略中来。从高一入学开始，就要重视英语基础的教学，培养学生自主学习的能力。在高三第五个学期的教学中，要遵循复习总原则，完善高考复习、备考方案。词汇依托话题，语法融入语篇，语篇构建思维，写作课堂实练，加强阅读和翻译的训练。既要优化课堂结构，又要提高课堂效率，最终帮助学生在高考中取得优秀成绩。

培育核心素养，以职场任务引导深度学习

——以高一《英语基础模块》第三单元的Group Work为例

一、问题的提出

英语是全球通用的语言，随着全球化进程的加速，掌握英语已经成为获取信息、沟通交流必须具备的一项技能。《中等职业学校英语课程标准》（2020年版）明确提出了英语学科核心素养的概念，即职场语言沟通、思维差异感知、跨文化理解和自主学习。掌握英语学科核心素养将有助于提高个人以及国家在国际交流中的竞争力，培养学生的核心素养是中职英语教学的核心任务。

目前，很多中职学校都在使用高等教育出版社出版的"十四五"职业教育国家规划教材《英语基础模块1》，其中有一个教学环节为Group Work，这个环节多以综合写作实训为目标，以小组为单位，通过组内协商、信息加工等方式开展项目实践活动，引导学生综合运用所学知识，做到深度学习，完成教师所创设的真实职场场景的任务，解决实际问题，以促进对学科核心素养的全面培育。

该环节的教学中，普遍存在着这样的问题：写作教学不足，缺乏

教、学、评一体化教学，没有真正实现小组合作。为有效改变这种现状，应从课前、课中和课后三个环节进行整体设计，以引领学生走向深度学习。本文以一节小组活动课进行整体教学设计开展实践。

二、教学理念与设计

（一）教学思想

采用"以学生为中心"的教学理念，立足和优化教材，在混合式教学的手段下，将"一带一路"的时事热点融入思政中，做到课前预习、课中六递进、课后拓展，以实现迁移应用，促使知识内化。

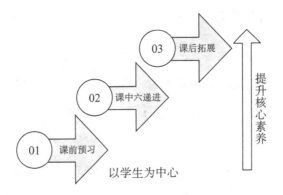

（二）教学内容分析

本课来自高等教育出版社出版的"十四五"职业教育国家规划教材《英语基础模块1》中第三单元Shopping的小组活动课。经过前五节课的学习，学生已熟悉了购物时询问、提供商品信息的常用语句，掌握了购物网站商品页面关键元素的英文表达和语言特点，了解了商品页面关键元素，体验过了网页设计。本课的教学任务是引导学生在讨论的基础上精选地方特色产品信息，设计出地方特色商品销售网页。

（三）学生分析

这是一节综合写作课，上课的学生为高二年级学生。这一阶段的学生在经历了一年的高中英语学习之后，具备了一定的语言运用能力，该班为城市轨道供电班，50名学生当中，女生有5名，英语学习基础普遍较弱。针对这一学情，笔者创设了职场任务——为校企合作单位创建一个特产介绍的网页，这一话题贴近学生生活的内容，避免了因内容过于生僻而让学生产生畏难情绪。

（四）教学目标

1. 知识目标

（1）学生理解并掌握网页写作的基本框架。

（2）掌握一些句型来描述产品的特点。

2. 技能目标

学生掌握网页写作和专题写作的技巧，然后利用互联网推广本地产品。

3. 情感目标

增强学生的团队合作意识。

（五）教学设计思路

本节课是小组合作的写作课。《中等职业学校职英语课程标准》指（2020年版）出，语言表达中"写"的能力为能用简单的语言，就熟悉话题表达感想与看法。语言交互中"读"的能力为能用简单的英语，就熟悉的日常话题进行交流；能用简单的语言与他人交换观点。"写"的能力为能在对方的帮助下或借助相关资源，就合作任务进行交流。听、说、读、写这四种技能在语言学习和交际中相辅相成、相互促进。写作应是与听、说、读进行有机结合的活动。

基于此，笔者将本课设计为一节半开放式的写作课。从课前、课中和课后三个方面进行设计，教学的流程图如下：

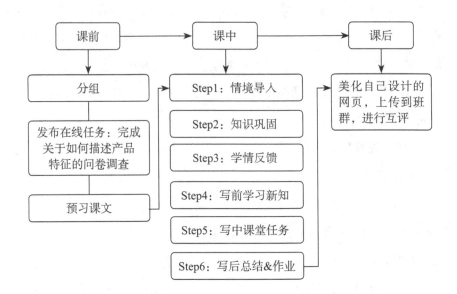

三、教学问题解决实施

（一）课前

布置任务，以社会主义核心价值观中的六个词为名，将全班学生分为六个小组，分别是和平组（peace）、友善组（friendly）、公正组（justice）、平等组（equality）、富强组（prosperity）和诚信组（honest）。发布在线任务，要求学生完成关于如何描述产品特征的问卷调查并预习课文。

（二）课中

分为六个环节，六递进开展教学。

Step 1 Warming–up &Leading–in （热身和情境导入）

观看一段"一带一路"的英文视频，教师提出问题"What is One Belt, One Road in Chinese"学生统一答案为"一带一路"之后，引出另一个话题What can you do for the Belt and Road? 然后创设情境，我们要和校企合作单位一起创建一个介绍特产的网页。以任务为导向，以真实工作情境为引领，让学生进入学习状态。要求各小组要通力合作，完成此项任务。

设计意图：以视频带入思政教育，吸引学生的注意力，创设情境，以任务为导向开展教学。

Step 2 Knowledge consolidation（知识巩固）

复习网页介绍七要素：产品名称—客户评分—价格—加入购物车—关于产品—产品特征—客户评价。

头脑风暴环节，教师提出问题：Which product are you going to introduce? 你们小组准备介绍什么产品?

设计意图：复习旧知。将"一带一路"为思政融入教学中，让学生结合现实考虑自己介绍什么产品。

Step 3 Learning feedback（学情反馈）

再次开展头脑风暴，抛出问题：How to write product features? 之后，展示出数据图，是课前学生针对第二个问题做的问卷的情况。然后教师告诉同学们，自己也去ChatGPT上问了这个问题，给大家公布ChatGPT的答案。

设计意图：对课前布置的任务进行分析，这也是为本课学生打的基础。ChatGPT是当下最热的话题，抓住时代热点，激发学生的兴趣。

Step 4 Pre-writing Learn new knowledge（学习新知）

让学生阅读目标材料，找出介绍产品的框架和关键词。学生通过阅读，找出name，price，place of origin，history，uses，material后，继续再举两个例子，让学生思考还有哪些词汇或句型可以用来描述产品的特征，并将关键词列出来。然后利用希沃玩词汇游戏，了解学生掌握关键词的情况。

设计意图：阅读输入能够帮助学生梳理思路，提供必要的词汇支架，再通过提问和讨论，引发学生对此问题的深入思考，为后续的写作做铺垫。依据新课标，从感知与积累、习得与建构、表达与交流三方面进行教学，以读促写。游戏有两个作用：一是寓教于乐避免学生倦怠，二是了解学生的掌握情况。

Step 5 While-writing Classroom task（课堂任务）

（1）小组讨论。根据网页的七个要素，完成企业项目任务——网页写作。

（2）分享。每小组派一名同学上台分享本组的网页设计。

（3）要求同学们对照评分表进行评价。评分表如下表：

Content 内容	Points 分值（10分）	Score 得分
1.网页结构完整	1	
2.产品的描述合理	3	
3.产品的特征清晰，至少有四个特征	3	
4.拼写、词汇、语法和标点符号使用是否正确	3	
5.创新性	1	

设计意图：情境创设有利于学生感受语言在真实的语境中的使用。教学中先输入后输出的形式让学生有所储备，特别是语言能力不强的学

生，即使无法直接表达，也能通过听其他同学的观点以及教师在黑板上的板书，为下一步的写作打下一定的基础。口语与写作是相关联的，通过语言表达出来，锻炼学生的英语综合运用能力，以评价标准来规范学生的写作。

Step 6 Post writing Summary& homework（总结和布置作业）

四、教学问题解决成效分析

教学完成后，采用问卷调查法，从职场语言沟通、思维差异感知、跨文化理解和自主学习四个方面调查学生对本节课的反馈与评价。

核心素养	核心素养要求	达成情况
职场语言	能正确理解企业任务要求，能创编产品信息，能就与网页编写相关的话题进行有效的沟通与交流，掌握编写网页的技巧	
思维差异感知	能开展小组合作，通过与同学的交流、分析、比较，能从不同视角观察和认识世界，对事物做出合理评判	
跨文化理解	通过学习范文，能理解国外优秀文化，通过遴选本国产品，对中华优秀文化有深刻的认知，以开放、包容的心态理解多元文化，坚定文化自信	
自主学习	能选择合理的策略，与同学们共同完成任务	

对50名学生开展问卷调查，通过采用小组合作学习，"职场语言沟通"这一点，有75%的达成率；"思维差异感知"的达成率有68%，"跨文化理解"的达成率有88%，"自主学习"的达成率有90%。可见，以企业真实项目为目标，创设职场情境，开展TBL（Task-based Learning）以任务为导向的教学，效果显著。

五、教学反思与建议

（一）创设情境，紧扣活动任务

职业教育强调"做中学"以目标为导向，以活动为载体，以面向真实世界的任务为驱动，以有效的评价来促进对核心素养的培养。本课融思政于无声，创设真实的工作情境，将学生引入其中，完成任务获得成就感，符合中职学生的心理特征和需求。

在讨论过程中，学生颇有创意，有闪光点和亮点，这些都超出了教学设计的预设，真实而自然。

（二）指向清晰，教学目标达成

为了让语言能力较弱的学生也能够成功写出文章，在教学活动的设计中，无论是讨论的内容还是阅读的环节，教师搭建"脚手架"，不断输入，以写作为最终的输出目的。两篇文章的阅读以及两个补充材料，为学生最后成功写作做铺垫。

（三）启发思维，引发学生深度学习

写作是英语学习中一个较高的境界，涉及词汇、语法以及思维能力的综合运用，通过不断的头脑风暴、小组讨论，学生可以结合生活实际，经过思考说出自己的想法，并通过合作完成任务。这一系列的教学活动使学生能够主动思考、自主生成语言并表达出来，锻炼了学生的英语思维能力。

（四）小组合作的层次，有待提升

由于课堂的时间有限，既要照顾到大部分学生的接受能力，又要避免课堂气氛枯燥，没能对每一位学生的真实写作能力进行剖析，只能放到课外作业中再去进行评判。如何培养学生的深度学习的学习习惯、培

养学生逻辑思维和批判性思维，让学生有一个更开阔的思维与未来的世界对接，是教师要思考的问题。小组合作学习模式，如何能进行有效评价，是急需改进的地方。笔者也将会在未来的教学活动中不断努力，为学生创设真实的语言环境，让学生从中体会到语言学习的乐趣、积极思考和合作学习的意义。

创设职场情境，开展项目式学习

——以《商务英语听说》Unit 3 Business Meeting为例

一、创设职场情境的教学理念

《中等职业学校英语课程标准》（2020年版）指出："要培养学生在日常生活和职业场景中的英语应用能力；培养学生听、说、读、写等语言技能，初步形成职场英语的应用能力。"教师在课堂上要通过创设生动的生活和职业场景、创造良好的语言环境以优化教学活动设计。学生要在职场模拟场景中扮演和体验不同的角色，开展自主探究和合作学习，共同完成模拟的职场任务，以掌握相关语言知识和操作技能。

国际科学认识论研究专家安德烈·焦尔当指出，"学生所有的认知都来自环境，是与环境互动的结果"。创设职场情境，可以让学生在完成模拟职场任务的过程中，通过体验、实践、参与、探究和合作等方式，综合运用以前所学的语言技能和语言知识，在语言实践活动中提升语言综合运用能力。

《商务英语听说》是一门以对外商务职场的需求为依据、以培养学生商务英语语言运用能力为宗旨的课程，涉及多种对外贸易的商务活动，每个单元围绕一个特定的商务情景话题展开。为了实现拓展职场常用英语的深度和广度以满足职业需求的目标，创设职场情境，采用项目式学习法，让学生在模拟职场情境中完成自主学习是一种值得探索的教学方法。

二、项目式学习的内涵

18～19世纪以卢梭、裴斯泰洛齐和福禄倍尔为代表的自然主义教育家在意识到传统教学忽视学生的自我发展、教育与生活脱节等弊病之后，从不同的角度提出了进步的教育主张。1918年，美国教育学家克伯屈（W.H.Kilpatrick）最早提出要将项目应用于课堂教学的模式。他认为项目是一个"在特定的社会环境中所发生的、需要参与者全身心投入的、有计划的行动"。

项目式学习（project-based learning）是20世纪90年代新兴的一种教学模式，它扎根于以杜威（John Dewey）为代表的建构主义学派"做中学"的教学理念中，项目学习的核心是由教师设计与教学内容相关的项目任务；学生围绕项目任务与小组成员合作学习，以获取知识和技能，最后以项目报告的形式呈现学习成果。项目式学习以学生为中心，挖掘学生潜能；联系现实生活，丰富学习内涵；鼓励合作学习，取长补短；鼓励学生利用各种信息工具完成任务，以适应可持续发展的需求。

三、基于职场情境创设的项目式学习的案例分析

如果将项目式学习应用到职业教育的英语教学中，教学程序包括六个环节：设置职场情境确定研究项目、组建小组、策划研究方案、执行职场任务、展示成果、评价与反思。教学程序如下图：

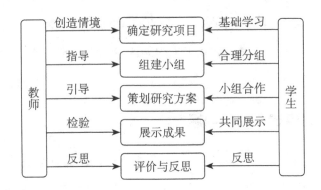

下面以《商务英语听说》Unit 3 Business Meeting为例进行教学实践。

（一）创设职场情境，确定研究项目

本单元的教学目标是要求学生掌握如何召开一场商务会议的技能。教师根据授课教学目标和教学内容，创设与真实职业场景相关的学习情境，让学生在模拟举办一场商务会议的学习情境中学习与操练语言。让模拟工作行为取代单纯的学习行为，以唤醒学生的主体意识，使经验与策略的获取具有明确的指向性，把在学习情境中获得的技能有效地迁移到职场情境中去。在这样的目标导向下，设计真实性活动，先学习基础的知识，如单词或句型。

1. Brainstorming（头脑风暴）

教师向学生提出问题：What components（组成部分） do you think a business meeting needs?（你认为一场商务会议由哪些部分构成？）

2. 给出举办一个商务会议的关键词

如：Where、Who、What和Make a list.引导学生总结出以下的内容：

（1）Where: Meeting room/Conference room

（2）Who: Chairman, attendants, secretary

（3）Why: Make comments on sth and make decisions

并做出一个有关商务会议组成部分的思维导图：

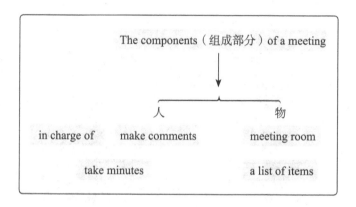

3. 创设情境

给学生观看一场召开商务会议的视频，让学生思考以下问题：

（1）How many people are there in this meeting?

（2）Who are they?

（3）What are they doing?

针对每一个角色Chairman，attendants或secretary提出问题，引导学生
使用和掌握本课的重点词汇和句型，如提问一个Chairman的工作任务：

Q1：Who is she? She is the _____.Chairman（主席）

Q2：What is she doing?

She is in _____ of a meeting. charge（主持、负责）

4. 总结出一场商务会议的必备元素及分工的思维导图

5. 确定研究主题

根据前面的铺垫，教师给学生安排任务：策划一场商务会议。

（二）组建小组

根据合作学习的规则，可以以学生自愿或由教师指定为原则进行分组。每组人数 4 人左右，分组时可以充分考虑学生的个性特征、兴趣爱好、英语水平、组织协调能力等因素。每组有一位组长，分工可分为上台发言者、资料收集者、课件制作者等。划分好学习小组之后，让学生研究各自相关的素材以及熟悉任务模块。

（三）策划研究方案

在设置好商务情境、划分好小组之后，按照教师布置的任务，小组成员自行分配角色，组内分派任务以完成策划任务方案。大家集思广益，出谋划策，根据现有的材料和任务要求，提炼信息、分析、比较信息，最后确定方案。

经过讨论，小组可以根据前面已搭建好的"脚手架"确定他们的商务会议的主题以及流程。

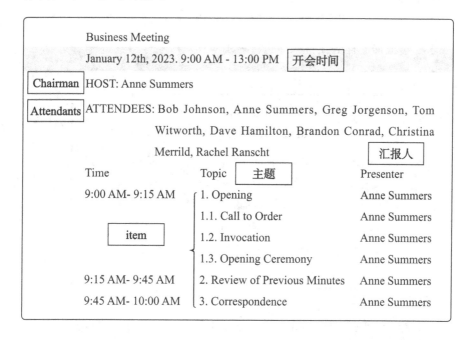

（四）执行职场任务

学生根据以上图表进行训练，为成果展示做好准备。小组成员对呈现的问题进行分析、查阅资料和参与互动。他们要不断地激活已有的知识和经验，充分整合手头的信息和资料，针对教师所布置的任务进行探讨，小组成员进一步验证解决问题的方法和手段。在执行职场任务的过程当中，学生是主体，他们分工、合作、共同探索知识、寻找答案和拟定实践方案；教师要引导、促进、监督学生的实践过程，帮助学生建构知识。学生要做好PPT、视频或书信等呈现的方式为展示做好准备。

（五）展示成果

项目的最终成果可以以PPT讲解的形式或以戏剧表演的形式呈现。

如果以PPT讲解的形式呈现，学生展示他们所要组织的一场商业会议，从策划到议程再到这场会议的所有事务，要进行充分的讲解。在讲解的过程中有发言者和同学的互动，也有教师和发言者之间的互动。教师可要求学生根据这样的发言顺序进行展示：

You're in the meeting room.

You need to start the meeting. What will you say?

1. Starting Your Meeting: Greeting and Welcoming Attendants

2. Introducing the Topic and Outlining the Agenda

3. Getting Through Your Agenda

4. Inviting Attendents to Participate Allendents

5. Dealing with Distractions and Staying on Topic

6. Summarizing and Concluding Your Meeting

学生如果以戏剧表演的形式呈现，则需要小组成员一起参与表演，表演要求自然，并能充分显示任务需要完成的要点。教师通过他们的呈现形式检验他们的学习效果。

（六）评价与反思

展示结束后，教师应对内容、知识覆盖、语法语句、口语表达、创新性、团队合作等方面进行总结、评价。组员之间、小组之间也可以进行互评与自评，总结、反思收获与不足。教师可通过这个环节了解学生对该知识点的掌握情况，做出针对性的指导。学生也能更清楚地知道筹备一场英语商务会议应掌握的注意事项，懂得如何有效沟通，更好地为语言实际应用做准备。评价表如下：

评价指标	优秀 得分8分	优良 得分5分	有进步 得分3分	须努力 得分1分
内容：故事新颖，主题突出				
知识覆盖：涉及广泛，有深度				
语法语句：语句表达通顺， 语法正确				
口语表达：口语表达流利， 发音准确，声音洪亮，并有 感情色彩				
创新性：组织形式、图片和 音乐的表现形式				
团队合作：参与度、任务完 成度				

四、基于职场情境创设的项目式学习的反思

以职场情境创设为基础，开展项目式学习，将学习任务与相应的职场情境相结合，具有以下特点。

（一）培养思维品质

激励学生联系生活实际，积极运用新学的单词和句型去完成任务，培养学生内在的分析能力、判断力和表达能力。

（二）以学生为中心

学习过程呈开放式，学习内容生动、鲜活，体现"以学生为中心"的教学理念。

（三）团队合作精神

学生在完成任务的过程中学会团队合作、学会交流表达。

（四）过程性评价

教师根据项目开展过程的要点进行评价，发挥过程性评价对项目式学习的促进作用。

这样的学习方式能推动学生自主探究和自主学习，培养学生自我引导的学习能力，实现教师引导下的学生核心素养的培养，让学生得到真正的成长。

核心素养下创设情境引发深度学习的探索

近年来，发展学生核心素养是世界教育改革发展的新趋势。为提升我国教育国际竞争力，教育部于2014年3月在《关于全面深化课程改革落实立德树人根本任务的意见》中提出"核心素养"的概念，2016年9月明确"应具备的适应终身发展和社会发展需要的必备品格和关键能力"是核心素养的内涵，构建起三个维度下六大素养、十八个基本要点的中国学生核心素养体系框架，为人才培养和课程改革明确了方向。核心素养是课程标准的核心概念，在我国职业教育过程中起着至关重要的作用。教育部在2020年颁布的新版《中等职业学校英语课程标准》，提出中职英语学科的核心素养是"职场语言沟通、思维差异感知、跨文化理解和自主学习能力"，明确指出中职英语课程具有重要的育人功能，要落实立德树人根本任务。

一、英语学科核心素养与英语深度学习的内涵关系

（一）深度学习是中职学生全面发展的需求

深度学习基于三个范畴（人与自然、人与社会和人与自我）包含了三个领域的能力框架，即认知、人际和自我，是一种以积极理解知识和

探寻意义为动机，基于理解与迁移，注重在新的情境中解决问题的学习方式，具有高情感投入、批判反思等高阶思维特点。

深度学习是基于理解的有意义学习，以高阶思维为特征，有助于学生深层次获取和处理信息、构建意义，实现对学习语篇的深度理解，促进多元思维的发展，帮助学生养成良好的学习习惯，以获得更加愉快的学习体验，促进学生的全面发展。

（二）深度学习促进英语学科核心素养的培养

深度学习与英语学科核心素养的四个方面相互对应、相互联系，具有相互解释性。深度学习能力的发展是培养英语学科核心素养的重要途径，能有效促进英语学科核心素养的培养。深度学习能够克服英语浅层学习、机械学习的不足，也能扭转长期以来的各种二元对立的局面，使师、生和教学三者融合成核心素养发展的共同体。深度学习与英语学科核心素养的内涵关系如下图所示：

$$
深度学习
\begin{cases}
人与自然 \to 认知 \to 思维差异感知 \\
人与社会 \to 人际 \to \begin{cases} 职场语言沟通 \\ 跨文化理解 \end{cases} \\
人与自我 \to 自我 \to 自主学习能力
\end{cases}
核心素养
$$

二、英语深度学习情境创设存在亟待解决的问题

中职阶段是学生从具象思维向抽象思维快速发展的剧变期，也是发展核心素养的关键期。中职学生心理、年龄和行为的特点决定了英语教学要创设多元情境，以发挥英语作为一门公共基础学科在培养核心素养方面的重要作用。《中等职业学校英语课程标准》提出英语既要有工具

性又要兼具人文性。英语学习不应再停留在浅层的机械学习和死记硬背的方式上，而应该是在教师的指导下，以学生为主体，学生主动参与、积极建构、理解意义和自主发展。创设深度学习情境，能调动中职学生学习的主动性，关注其结构化知识的形成和学习能力的发展，能促进其语言能力和思维能力的提升，增强学生的文化意识，促进学科核心素养的培养，形成和发展适应终身发展和社会发展需要的必备品格和关键能力。

深度学习强调学生对课程知识的深度理解以及在真实的问题情境中应用这种知识理解的能力和在相似情境或新情境中进行迁移运用的能力。目前英语教学中存在着不少问题：重语言知识传授、轻核心素养培养；教学过程缺乏以"学法"为主的深度学习；很多教学情境创设脱离学生的生活实际与社会环境现实，导致学习效益不高，不利于学生深度学习的发生；英语学习呈表层化、碎片化。因此，如何创设有效、高质量的英语深度学习情境在教学中是一个亟须解决的问题。

三、解决的途径

为了达成这样的教学目标，需要解决以下的问题：

（1）通过基于核心素养的深度学习的探索，解决重语言知识传授、轻核心素养培养的问题。教师要深入探究核心素养的基本理论，探索核心素养的内涵及特征；从英语学科核心素养形成过程中能力表现的视角，探索如何将核心素养的培养与英语学科知识有机结合在一起。

（2）通过对深度教学的探讨，解决教学过程缺乏以"学法"为主的深度学习的问题。教师向深度教学的方向努力，使课堂呈"符号教学—思维教学—意义教学"的螺旋上升趋势，是理解性的课堂而非灌输性的课堂；是建构性的课堂而非接受性的课堂；是反思性的课堂而非表演式的课堂。

（3）通过凝练英语深度学习情境创设的思路与方法，解决教学情境创设脱离学生的生活实际与社会环境现实的问题。从情境理论的视角，揭示英语学科核心素养的形成过程及其机制，探讨英语深度学习情境创设的内涵、内容分类，丰富英语教学领域的元理论研究。

（4）通过核心素养引领学生的学习方式，解决学生学习效益不高的问题。通过高效的教学设计，对教学案例素材进行不断的修改和完善，选出最优实践教学案例，作为可借鉴的案例资源，形成教学资源库，为进一步提升教学多元化积累素材。

（5）通过信息技术和课程资源建设，解决情境创设模式创新的问题。随着信息技术不断发展，教学手段日新月异。信息技术是英语教学的重要辅助工具，为研究深度学习情境的创设提供了强有力的支持。因此，教师可以发挥信息技术的功能优势，融合、创新深度学习新模式，解决英语学习呈表层化、碎片化的问题。

四、基于核心素养的英语深度学习情境创设对教师素养的要求

教师是推动教学改革的关键因素，基于核心素养的英语深度学习情境创设对教师素养提出了较高的要求。

（一）创新英语学科核心素养培养方式，促进深度学习的发生

学生发展核心素养需要深度学习。要求教师深入了解学生核心素养的形成过程及其机制，打造具有深度学习的英语课堂，以发展学生的英语学科核心素养。

（二）创新课程资源，构建与时俱进、促进英语教学的数字化课程资源

英语深度学习情境应围绕学生发展核心素养的内容进行创设，以满足教学目标高阶性、教学方法深度性、教学评价过程性的需求。以学生为主体，帮助学生明确学习目标，给予学生"思维导图式"的清晰的学习路径；尊重学生个体差异，因材施教；为学生提供多样化的学习资源和方式，重点实施过程性评价。

（三）创新情境创设模式，促进课堂高效化

教师应该关联学生的学习和生活实际，创设完整的、结构化的体验式深度学习情境，激发学生的内在学习动机，重点提升学生运用所学知识与技能解决复杂问题的能力。

五、结语

基于核心素养的英语深度学习情境创设的探索，将核心素养的培养与深度学习融合在一起，有助于教师更新语言教学观念，践行整合式的教学路径，并能促使英语学科核心素养的培养落实，意义十分深远。展望未来，将会看到以下方面的提升。

（一）核心素养培养模式的水平提升

通过深入了解学生核心素养的形成过程及其机制，打造具有深度学习的英语课堂，发展学生的英语学科核心素养，并最终提升核心素养培养模式的水平。

（二）英语教学资源的水平提升

开发基于"深度学习的情境创设"的有效教学资源，包括线上、线下课程资源库，精品课程、微课、多模态教学设计等具有时代特征的新形态成果，并运用于实际英语教学当中，为学生提供多样化的学习资源。

（三）师资队伍教学的水平提升

教师有效实施以"学法"为主的深度教学改革方式，致力于围绕学生发展核心素养的内容进行创设情境，有效输出多元的满足教学目标高阶性、教学方法深度性、教学评价过程性需求的教学设计。以学生为主体，帮助学生明确学习目标，引领学生进行深度学习，有效提升教学水平。

（四）学生英语学习能力的提升

学生从符号、思维、意义层面进行深度英语学习，以主动理解代替被动吸收，以递进建构代替全盘接纳，以反思总结代替机械摄入，形成和发展英语学科核心素养，并最终成长为具有中国情怀、国际视野和跨文化沟通能力的社会主义建设者和接班人。

课程思政融入中职英语教学的实践研究

2017年，教育部提出统筹推进课程育人、大力推动以"课程思政"为目标的课堂教学改革。培养什么人、怎样培养人、为谁培养人是教育的根本问题，立德树人根本任务的落实成效成为检验教育工作的重要标准。

一、课程思政的内涵

课程思政是一种课程观和教育理念，以"一个中心、三个范围和一个方式"为特点：在课程教学中，以思想政治教育为中心，构建"三全育人"的育人格局，以全员、全程、全课程为教育范围，把隐性融入和渗透作为主要教育方式，以实现承载思政、立德树人、润物无声的目标。

英语作为中职教育中的一门基础课程，在原有教学大纲的基础上，挖掘课程中所蕴含的思政教育元素，将语言知识、技能与思政教育相结合，将社会主义核心价值观在课程中展现出来，让学生理解、接受、认同并践行。

从《中等职业学校英语课程标准》（2020年版）（简称《课标》）

中可以看出，思政教育的范畴包含了三个方面：审美情趣、文化自信和"三观"正确。目标指向是培养学生成为德智体美劳全面发展的高素质劳动者和技术、技能人才。具体见下表：

思政范畴	思政具体要求
审美情趣	认识文化的多样性，形成开放、包容的态度，发展健康的审美情趣
文化自信	理解思维差异，增强国际理解，坚定文化自信
"三观"正确	帮助学生树立正确的世界观、人生观和价值观，自觉践行社会主义核心价值观

从以上内容得知，中职学生的思政不仅仅是做人、做事，结合英语学科融入了审美鉴赏和文化自信，对思想品质和价值观进行培养。思政教育是多维、多元和多方位的。

二、中职英语课堂中思政教育存在的问题

（一）对课程思政的重要性认识不足

有些教师认为，每周的英语课本来就压缩得很少了，为了赶进度，很多内容都讲不完，哪里还有时间讲思政，讲思政是政治教师的工作任务。

（二）有机融合不足

有些教师在教学中把大量时间用于思政教育，忽略英语语言文化知识的讲授，没有把英语教学和思想政治教育有机地融合在一起，达不到预期的教学目标和教学效果，浪费教学时间，引起学生不满。

（三）思政素材挖掘不足

教学材料中可供开展思政教育的素材不多，难以使思政教学系统化。

（四）思政教学方法单一

很多教师通常采用小视频或简单说教的方式进行思政渗透，浅层融入一些思政元素，学生没有深刻的体验感，难以引起情感共鸣，教学效果不佳。

（五）思政教育评价缺失

多年来，对教学的评价多以教学目标是否明确、重难点是否突出、教师教姿教态、师生互动等为评价的标准，忽视了对课程思政是否融入其中的评价，导致教师在日常教学活动中对学生的思想教育不重视，无法有效地引导和强化学生的文化意识，无法真正做到增强学生的爱国主义情感，树立文化自信。

因此，如何将课程思政融入英语课堂教学中来，既要培养学生的语言技能，提高他们听、说、读、写、译的能力，培养学生跨文化交际能力，又要使英语课程取得有效的思政教育效果，实现"立德树人"的根本任务，这是一个亟须解决的问题。

三、英语教学思政教育建设的策略

为了达成思政教育与英语教学相结合的目标，在课堂教学中可以考虑以下几点策略：

（1）教师加强学习，提高综合素养。通过专题的思政学习，教师可以充分认识到思政教育在英语学科教学过程中的重要性。

（2）结合教学内容，挖掘教材思政素材，将思政教育有机融入教学中。无论什么课型，教师都应深度挖掘潜在的思政元素。教师可通过"分析—精选—设计—应用"的步骤，对照中职英语思政内涵表，落实三个方面的思政素养培育点。遴选能引发学生产生共鸣的思政教育点，开展相关活动落实思政教育。

（3）利用多模态资源创设思政情境，加强思政渗透。多模态是人们通过多种感官与外界交流、互动的方式，利用音乐、图片、视频等方式可以调动学生的听觉、视觉等感官，能更好地实现教学互动。科技的发展为我们的多模态思政情境创设提供了优越的条件。

（4）英语的教学评价应在原有的基础上，加入课程思政的评价标准，进一步完善和优化评价手段，以评促教。

四、在英语教学中创设思政情境的教学案例及分析

（一）教学内容及设计思路

本案例是《全国英语等级一级备考教程》中的语法"介词"项目，主题是"时间介词与方位介词"，设计思路是：结合中职学生的知识习得特点，以"红色之旅"引出介词的学习，将党史融入课程教学中。以"红色之旅"的日程安排为线索，引出本课的重点即方位介词和时间介词的学习。运用信息化手段引领学生进入特定的语言情境中学习，激发学生的英语学习兴趣，提升学生的语言综合运用能力，让学生在快乐中学习，学以致用。

（二）教学过程

课前要求学生先预习介词，并了解中国百年党史。布置一个任务：If you are a tour guide, how to design a route for Red Tour? （如果你是一个导游，如何设计一个红色之旅的旅游线路图？）要求学生完成以下表格。

Time	Arrangement of Red Tourism Holy Land（红色旅游胜地安排）	
	Name of the scenic spots	Name of the City
The first day		

续 表

Time	Arrangement of Red Tourism Holy Land（红色旅游胜地安排）	
	Name of the scenic spots	Name of the City
The second day		
The third day		
The fourth day		

让学生将他们设计的线路图发到蓝墨云班课平台上。

设计意图：让学生提前感知知识，带着任务预习，促使他们自行查阅相关资料，培养自学能力，增强他们的学习信心。根据学生设计的线路图，选定其中一条线路，迎合学生的心理需求，精准备课。

Step1：创设思政情境，引人入胜，发人深思

在课上，先播放建党百年的小视频《星辰大海》引入。

设计意图：播放视频是为了引起学生的共鸣，《星辰大海》以其磅礴的气势吸引了学生们的注意力。

Step2：教学实施过程

1. 先点评课前作业，选定一位学生的旅游线路开启本课的边游边学之旅

Day 1：The site of the 1st National Congress of the CPC（中共一大），Shanghai

Day 2：Home of Mao Dun, Zhejiang Province

Day 3：Luding Bridge（泸定桥）， Sichuan Province

Day 4：Tian'anmen Square, Beijing

2. 在旅游行程中学习本课的教学重点——介词

（1）第一天行程，根据一张中国共产党第一次全国代表大会会址的图片，引导学生造句，学会地点介词at: The 1st National Congress of the CPC（中共一大）opened at No. 76，Xingye Road, Shanghai. 由此引出本课的语法点——介词的使用。

（2）在第二天的行程中提到嘉兴的时候，提出问题：What's Jiaxing famous for? 引发学生的讨论，It's the Red Boat. 引导学生完整地讲出一个句子：The 1st National Congress of the CPC（中共一大）closed on the Red Boat on Nanhu Lake in Jiaxing.

利用图片，分析介词on和over应用在哪个位置上。

图片	介绍用法	例句
红船 南湖	on 表示在物体上面并与之接触	The Red Boat is on Nanhu Lake.
南湖	over指在……的正上方，与物体不直接接触	There is a stone bridge over Nanhu Lake.

（3）在讲述第三天的行程Luding Bridge（泸定桥）时，需要讲解across（穿过）这个介词的使用方法。

先看一段小视频，是当年红军长征时飞夺泸定桥的情境，再次震撼学生，引导学生造一个句子：The Red Army got across the Dadu River bravely.

across, through, around三个词是学生在做题时经常易混淆的词，如何让学生清楚这三个词的区别，首先画一个示意图：

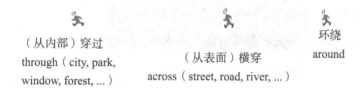

让学生清晰地了解这三个词不同用法，through表示"（从内部）穿过"，across表示"（从表面）横穿"，around表示"环绕"。为了让学生学以致用，给出三幅图（图略），要求学生进行翻译，既能让学生沉浸在革命的峥嵘岁月里缅怀革命先烈，又能将这三个词分辨清楚。

在长征期间，红军需要渡过大渡河，穿过草地，翻过雪山。

During the Long March, the Red Army had to get ＿＿＿（across/through/around）the Dadu River, the grassland and the snow-covered mountains.

（4）在讲述第四天的行程Tian'anmen Square时，以一幅1949年中华人民共和国成立的图引导学生造句：The PRC was founded on Oct.1st, 1949. 引出表示时间的介词on，讲解表示时间的介词in, on, at的区别。通过图示及各种题型的讲解和练习，帮助学生理解这三个词的用法。

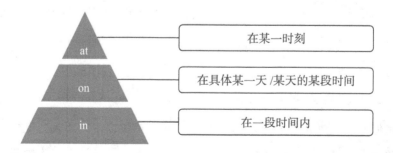

播放中国共产党成立100周年的庆典活动中朗诵的小视频，再次激发学生们的民族自豪感，引导学生造句，让学生翻译三个很经典的句子，将整节课的思想教育升华到一个新的高度。

The Chinese people have stood up.

The Chinese people have become rich.

The Chinese people have grown strong.

设计意图：在教学过程中，多次运用了图片或视频，提供直观的场景和体验，就是充分利用多模态资源调动学生的多种感官，提升学生的参与性，寓教于乐，让学生感受加深。以"红色之旅"的日程安排引入介词的学习，贴近生活，激发学生对课程的学习兴趣。

将革命圣地嘉兴、南湖、红船等词应用于语法教学中，既激发了学生的背景知识，引发了他们的学习兴趣，又融入了思政元素，做到"润物细无声"。通过创设思政情境，学生脑海里既显现出革命战争的情境，又能清晰地分辨意思相近的介词的用法，一举两得。

Step3：总结与课后作业

1. 书面作业

完成历年PETS-1考证试题中的介词考题。

2. 拓展作业

利用所学知识，设计一条三日游的旅游线路，用英语向同学们介绍你家乡的红色之旅，制作成小视频，发送到蓝墨云班课平台上，同学们进行自评、互评。

设计意图：根据本课所学的介词相关知识，完成历年PETS-1考证试题中的介词考题，检验学生是否真正掌握所学知识。让学生设计一个三天的红色之旅线路图，是为了让学生学以致用，同时培养学生的家国情怀，热爱家乡，树立建设家乡的信心和决心。

Step4：教学反思与教学评价

《中等职业学校英语课程标准（2020年版）》指出，评价是英语课程的重要组成部分，是"引导、监控、促成和诊断教学目标达成的保障"。英语课程的评价应反映"以人为本"的教育理念，采用科学、合理的评价方式和方法，对教学过程实施进行有效监控，保证课程目标的达成。为保证英语教学中思政目标的达成，教师可以从思政教育内容和思政渗透情况两个方面对自己的教学进行反思，开展自我评价。

评价维度	评价指标	很好	一般	较差
思政教育内容	思政素材挖掘度			
	审美培养			
	文化自信培养			
	"三观"培养			
思政渗透情况	适当利用多模态信息技术创设情境			
	课内教学设计的实用性和有效性			
	课外活动设计的有效性			

在中职英语教学中，教师应自觉提高课程思政的意识，挖掘和利用教材中的思政元素，创设有意义的思政情境，并设计、开展多层次、高阶思维的活动，引导学生提高审美情趣，培养文化自信，树立正确的"三观"，在跨文化交际中，坚定文化自信，提高英语教学的有效性，充分发挥英语教学的育人功能。

中 篇
英语教学设计
与实施

英语整体教学设计是指为了实现预定的英语教学目标，对教学中的各个相关因子进行整合，形成一个完整的教学过程，使各个教学因子在发挥最大功能的基础上，让英语教学过程最优化，达到教学效果最大化的教学设计。它能增强教学设计的科学性、完整性和效益性，是教学设计的重要原则，也是一种具体的操作方法。课堂教学是一个动态调整的过程，一个精心准备的教学设计方案需要通过教学行动才能变成有效的教学实施方案。

浅谈中职英语教案的撰写

　　教案是教师为了高效开展教学工作而事先设计的蓝图，是教师把现代教学理论作为理论基础进行学情分析，依据教师的教学观念、教学经验和教学风格，运用系统的观点和方法，揭示教学中的问题和需求，设立教学目标，制订解决问题的步骤，合理安排各种教学要素，为优化教学效果而制订的实施方案。

　　要上好一堂英语课，教案的撰写非常重要，它是有目的、有计划、有步骤地实施教学活动的教学设计和方案，也是教师实现有效教学的重要依据。教案的设计质量在很大程度上决定着教学效果，中职英语教学尤其要注重教案的编制、检查与反思。中职业英语教案撰写要从四个大方面进行考虑。

一、中职英语教案撰写要参考的标准

　　因为职业教育的教学有其特殊性，所以教案的撰写也有其特殊性。在撰写教案之前要深入研究所教学的班级是什么专业，研究课程标准，分析学生所学专业的人才培养方案，才能更有针对性地进行备课，还要思考如何将课程思政融入其中，做到"润物细无声"。

（一）专业人才培养方案

专业人才培养方案是职业院校落实党和国家关于技术、技能人才培养的总体要求，是组织开展教学活动、安排教学任务的规范性文件，也是实施专业人才培养和开展质量评价的基本依据。

专业人才培养方案突出育人理念，育人方式更具系统性、整体性、协同性，育人主体更具自主性、能动性、创造性。专业人才培养方案有以下特点：

（1）育人理念上，以落实立德树人为根本任务，立足于培养复合型技术、技能人才，以德技并修、工学结合为育人机制，培养学生的职业精神、职业能力和可持续发展能力。

（2）育人方式上，以课程育人、实践育人、协同育人系统和整体地推动学校人才培养模式变革。

① 课程育人方面，要完善课程标准，构建课程体系，挖掘公共基础课程、专业课程中所蕴含的思想内涵和育人资源，充分发挥课堂教学的主渠道作用，加强思想政治教育与专业课程教学、技术技能培养的有机统一，将育人目标和内容融入、渗透到教育教学全过程中。

② 实践育人方面，要加强课程内容与生产劳动实践和社会实践的结合，在各类社会实践活动、实习实训中强化劳动教育，广泛开展"做中学""学中做"的实践性教学，突出劳动与实践的育人功能。

③ 协同育人方面，联合行业企业、专家、教科研人员、一线教师、家长和学生（毕业生）代表、第三方评价机构，做好专业人才培养方案的调研工作和制订、实施与监督工作，形成学校组织、行业企业合作、专家和教科研人员指导、家长和学生参与、社会支持与监督的协作格局和教育合力。

（3）育人活力上，根据国家教学标准自主创新，根据区域经济社会发展需求、产业发展人才需求和技术发展趋势，结合学校发展方向、办学目标和专业实际制订具有学校特色、体现不同专业类别特点的方案。

（二）课程标准

课程标准是规定某一学科的课程性质、课程目标、内容目标、实施建议的教学指导性文件。课程标准与教学大纲相比，在课程的基本理念、课程目标、课程实施建议等几部分上阐述得很详细、明确，特别是提出了面向全体学生的学习基本要求。

课程标准实际上反映了国家对学生学习结果的期望，通常包括了几种具有内在关联的标准，主要有内容标准（划定学习领域）和表现标准（规定学生在某领域应达到的水平）。

《中等职业学校英语课程标准》（2020年版）为中职英语课程确定了新的教学理念，提出了中职英语课程的目标是落实立德树人的根本任务，界定了中职英语学科核心素养，包括职场语言沟通、思维差异感知、跨文化理解和自主学习四个方面，并基于以上维度确定了课程目标和学业质量要求，为学生的职业生涯、继续学习和终身发展奠定了基础。

为迎接新挑战，中职英语教师要转变以往"为用而学，够用为度"的观念，深刻领会学科核心素养的内涵，整合教学资源，开展活动导向的教学，发挥英语学科的育人功能，促进学生全面发展。

（三）教学大纲

教学大纲是学生学习过程和教师教学过程的风向标、指南针和路线图，有助于高效地支持学生学习，帮助教师进行教学，提高教学效果，满足学生对教学的期望。

（四）课程思政

课程思政是指以构建全员、全程、全课程育人格局的形式将各类课程与思想政治理论课同向、同行，形成协同效应，把"立德树人"作为教育的根本任务的一种综合教育理念。

英语作为一门公共基础课程，也要"守好一段渠，种好责任田"，发挥育人主渠道的作用。教师的课堂育人不再是个体行为，而是有组织的行为，要求更明确，行为更规范。

（五）"岗课赛证"融合

职业教育的特殊之处，还在于其专业技能培养方面的要求。撰写教案时还要考虑1+X考证标准、工作岗位实际要求等，以英语技能竞赛方案为引领，对岗、对标重构课程的内容。

二、教案文本的基本要求

写教案是教师的日常工作之一，写好教案是基本功。教案是上课的书面计划，课堂教学的设计方案包含了教师对于本节课的教育教学的理解和感悟，就如同直播的脚本、导演的剧本，有备忘录的作用，也有积累原始资料的作用。

教案文本应该包括以下基本要求：写作要素齐全，教学过程表述清晰，教学内容与实际相结合，活动设计紧扣主题，有适当的信息化手段辅助教学以突出重点和突破难点，思政融入其中，有多维的评价方式。可以通过以下七点进行自省：

（1）是否完整、规范、简明、真实，要素是否齐全；

（2）是否能体现具体的教学内容和教学过程安排，是否能有效地指导教学活动的开展；

（3）教学设计思路与架构是否清晰，师生活动是否设计合理，方法、手段是否恰当；

（4）教学目标表述是否明确，是否可评、可测；

（5）学情分析是否客观、翔实；

（6）难点预判是否准确，教学重点是否突出；

（7）教学反思是否聚焦本次教学具体对象、具体内容和具体问题。

三、教案写作的基本模板

英语教案写作有多种模板，有简易型，也有详细型。

（一）简易型模板

授课教师		科目		班级		日期	
课题							
教学目标	1. Knowledge objectives知识目标 2. Skills objectives技能目标 3. Emotional objectives情感目标						
教学重点							
教学难点							
教学方法							
教具准备							

续　表

教学过程		
Steps/Time	Activity	Purpose
Preparation before class		
Step 1: Warming-up /Lead-in		
Step 2: Pre-		
Step 3: While-		
Step 4: Post-		
Step 5: Summary		
Step 6: Homework		
板书设计		
教学反思		

（二）详细型模板

一、课程信息					
课程名称		授课对象		授课时间	
授课地点		授课学时		授课课型	
二、教学分析					
教学内容分析					
学情分析					
教学目标	素质目标				
	认知目标				
	能力目标				
教学重点			解决办法		
教学难点			解决办法		

三、教学策略				
教学理念				
主要教法				
主要学法				
教学环境与资源				
教学流程图				

四、教学过程				
课前				
教学环节	教学内容	教师活动	学生活动	教学资源应用\设计意图
课前				
课中				
教学环节	教学内容	教师活动	学生活动	教学资源应用\设计意图
课中				
课后				
课后 拓展内容		课后 活动安排		

五、教学反思	
教学效果	本节课教学目标的达成情况
教学整改	本节课的不足和困难，阐明改进提升的设想

　　如果本节教学内容有一些额外附加的内容，可以以附件的形式附在教案后面。附件可以是活页式教材或项目任务书或导学案，可以是教学效果的评价方案，也可以是教学资讯材料，比如学生学习的资源等。

四、教案写作的六大关键要素

教学设计的基本内容包括课程基本信息，学情分析，教学目标和教学理念，教学内容，教学重点、难点，教学过程和教学方法，教学工具与板书设计，教学评价，课前预习任务和课后作业布置，教学内容的延伸等。

在撰写教案时要着重考虑六大关键要素：课程信息、教学分析、教学策略、教学过程、教学评价和教学反思。

（一）课程信息

课程信息主要包括课程名称、授课对象、授课时间、授课地点、授课学时、授课课型六个方面的内容。

（二）教学分析

教学分析主要包括教学内容分析、学情分析、教学目标和教学重点、难点分析等。其中教学内容分析是要说明本节课的教学内容所要解决的具体问题是什么，将得到什么样的教学成果；该教学内容在本节课中的地位、作用；该教学内容对实现人才培养目标，培养学生的某些方面的职业素养、专业技能的意义。

1. 教学内容分析

教学内容分析包括两个方面：一是对教学内容结构进行分析。既要分解教学内容的知识点，更要厘清知识点之间的关系；二是要对教学内容属性进行分析，包括事实、概念、技能、原理和问题解决等。将教学内容分析透彻后，就可以准确地确定教学的重点和难点了。

课程内容、教材内容、教学内容三者之间的关系是相辅相成的，既有区别，又有联系。

（1）课程内容是为了有效地达成课标所设定的素养目标，通常要表明"一般应该教什么"。

（2）教材内容是为了使学生较好地掌握课程内容，撰写时要表明"通常可以用什么去教"的建议。通过种种资源的运用，在师生、生生互动中建构学科能力。

（3）教学内容包括对课程内容的执行和在实施中的创生，包括教师对教材内容的沿用和重构（处理、加工、改编乃至增删、更换）。针对在具体情境中的学生，为使他们更有效地达成课程目标，实际中最好用什么方法去教。

2. 学情分析

学情分析是教学设计的基础，是教与学目标设定的原点。没有学情分析的教学目标，华而不实，是空中楼阁。因为只有真正了解学生的现有知识经验和心理认知特点，才能确定学生在不同领域、不同学科和不同学习活动中的"最近发展区"，即清楚地知道学生已经达到的发展水平与可能达到的发展水平之间的区域，而从知识、技能、能力等方面来阐述的"最近发展区"就是教与学的目标。

学情分析是教与学内容分析以及教材分析的依据。

没有学情分析的教学内容往往是一盘散沙或无的放矢，因为只有针对具体学生才能界定教学内容的重点、难点和关键点。学情分析是教学策略选择和教学活动设计的落脚点。

没有学情分析的教学策略，往往是教师一厢情愿的自我表演，因为没有学生的知识经验基础，任何讲解、操作、练习、合作都很有可能难以落实。

总之，学情分析是对"以学生为中心""以学定教"的教学理念的具体落实。

学情分析可以包括四个方面：

（1）起点能力分析，包括了认知结构、认知能力和学习态度。

（2）学习风格分析，包括环境偏好、信息处理方式和认知个性风格。

（3）学习动机分析，包括内部动机和外部动作。

（4）信息素养分析，包括信息技术的应用技能、对信息内容批判与理解能力以及融入信息社会的态度和能力。

英语作为中职的公共基础课，学情分析可以从四个方面来写：知识基础、认知能力、学习特点和专业特性。可以对学生非智力因素进行分析，可以从学生动力包括兴趣、信念、归因、目标、伙伴关系等细节进行分析，也可以对学生需求进行分析，从而找到教学的突破口。

在"互联网+"时代，学生学习方式主要呈现出以下几种形态特点：可视化、碎片化、结构化和智能化。进行学情分析时，要考虑这几种特性。

3. 教学目标

教学目标包括教学依据、教学标准、教学方向和教学结果这四个方面。

（1）教学依据。教学依据是教师教学过程中教学策略的选择和应用的依据，包括专业人才培养目标、课程标准（大纲）、岗位要求、行业考核标准、教学内容和学生基础的实际情况等。

（2）教学标准。教学标准是对学生学习的结果进行评价和测量的标准。

（3）教学方向。教学方向是学生学习的方向和目标。

（4）教学结果。教学结果是本次教学活动能够取得的学习成果和教师追求的教学效果。

根据2020版《中等职业学校英语课程标准》，英语学科的核心素养是职场语言沟通、思维差异感知、跨文化交流、自主学习。要基于学科核心素养设定教学目标。

陈述教学目标要遵循教学目标四要素（ABCD法）：A是指Audience（教学对象）；B是指Behavior（行为）；C是指Conditions（条件）；D是指Degree（程度）。

对象（Audience）指明确地说明教学对象的构成。

行为（Behavior）指说明通过学习以后，学习者应能做什么（行为的变化）。

条件（Condition）指对行为标准的表述，应使得教学目标具有可检测性，说明完成行为所必需的情境，包括环境因素、人为因素、设备因素、信息因素、时间因素、明确性因素等。

程度（Degree）指规定上述行为应达到的程度或最低标准。

陈述教学目标时，可以从三个不同方向进行表述。

（1）通过认知过程对教学目标进行分类，可以分为识记、理解、应用、分析、评价和综合创造等。每一个过程都有自己的特征，表述时可以选用不同的动词。从目标层次来看，应用的能力在不断提升，每一种能力的提升都是具有连贯性的，不断递进。

目标层次	特征	可参考选用的动词
识记	对信息的回忆	为……下定义、列举、说出（写出）……的名称、复述、排列、背诵、辨认、回忆、选择、描述、标明、指明

续　表

目标层次	特征	可参考选用的动词
理解	用自己的语言解释信息	分类、叙述、解释、鉴别、选择、转换、区别、估计、引申、归纳、举例说明、猜测、摘要、改写
应用	将知识运用到新的情境中	运用、计算、示范、改变、阐述、解释、说明、修改、制订计划、制订……方案、解答
分析	将知识分解，找出各部分之间的联系	分析、分类、比较、对照、图示、区别、检查、指出、评析
评价	根据一定标准进行判断	鉴别、比较、评定、判断、总结、证明
综合创造	将知识各部分重新组合，形成一个新的整体	编写、写作、创造、设计、提出、组织、计划、综合、归纳、总结

（2）通过行为动词与认知水平进行表述。

教学目标	行为动词	认知水平
知识	说出、举例、描述、辨认、列举、复述、背诵、回忆、选出、识别、再认、了解、确定等	了解水平
	解释、说明、阐明、比较、分类、归纳、概述、概括、判断、区别、提供、把……转换、猜测、预测、估计、推断、检索、收集、整理等	理解水平
	运用、应用、使用、编辑、质疑、辩解、设计、解决、撰写、检验、计划、总结、推广、证明、评价等	应用水平
技能	模拟、再现、重复、模仿、例证、临摹、扩展、缩写等	模仿水平
	完成、计算、查阅、表现、制定、解决、拟定、安装、绘制、测量、尝试、试验等	独立操作水平
	联系、转换、灵活运用、举一反三、触类旁通等	迁移水平

（3）通过知识、能力、过程与方法和情感态度与价值观四个维度进行表述。

教学目标	行为动词
知识	会写、读准、认识、学习、学会、把握、了解、写下、熟记、理解、展示、扩展、使用、分析、区分、判断、获得、表现、扩大、拓展、评价、掌握、运用、懂得、联系上下文
能力	讲述、表达、阅读、复述、诵读、写出、倾听、观察、朗读、推想、揣摩、想象、转述、讲述、选择、扩写、续写、改写、发现、借助、捕捉、提取、收集、修改
过程与方法	感受、尝试、体会、参加、发表意见、提出问题、讨论、积累、体验、策划、交流、制订计划、收藏、分享、合作、探讨、沟通、组织
情感态度与价值观	喜欢、体会、乐于、敢于、抵制、有兴趣、欣赏、感受、愿意、体味、尊重、理解、辨别（是非）、品味、关心、养成、领悟

在写教学目标时，可运用动宾短语，使用一些含义较广的动词，如知道、理解等。

4. 教学重点、难点分析

教学的重点是指学生必须掌握的基础知识与基本技能。教学的难点是指学生不易理解的知识，或不易掌握的技能、技巧。教学的重点是依据课标和教材确定的，难点需要根据学生的实际情况进行调整。

教学的重、难点部分的教学是一节课的关键，教师的课堂教学水平主要体现在重点的突出和难点的突破上。在"互联网+"的时代，信息化手段的普及，教师应该恰当运用现代化信息技术突出重点，突破难点，使教学效果更加显著。

传统课程教学当中难以解决和表现的内容，通过信息化教学充分体现出来，会使英语课堂更加生动、有趣，从而提高课堂的效率。如何突破传统教学中最难以突破的难点，关键是教学策略的效果和信息技术在教学当中的运用，追求信息技术在教学当中的功效最大化，解决传统教学中最难以解决的问题。

在撰写教学的重、难点时，要注意区分什么是教材的重点、什么是教学的重点，否则容易出现混乱。

（1）如何区分教材的重点与教学的重点？

教材重点是针对教材的具体内容而言的。对是否能顺利学习教材中的其他内容起到举足轻重的作用的"知识点"就是教材重点。

教学重点是指那些在课堂教学过程中教师应着力加以讲解的，要求学生学习时特别加以关注的"知识点"。

教材重点是教学重点，但是教学重点不仅限于教材重点，还包括那些虽不属于教材重点但是根据学生实际情况必须加以讲解的内容。教材重点是由其所在学校的整体水平决定的，而教学重点则是由学生的实际情况决定的。

因此，写教学重点时要注意：

第一，要抓住教材的重点内容，因为重点内容就是教材中最主要、最基本的内容。

第二，根据学情确定每堂课的教学重点。

通常来说，确定重点的一般标准有三条：基本概念、基本理论和基本方法。在英语教学中，重点则是词、句和综合应用的能力。

（2）如何突出教学重点？

在教学设计中要明确教学重点，完成认知层面的任务，但是要在教学中突出教学重点，这就要显示教师教学操作层面的水平，它是教师明确教学重点的体现与实践。

首先要紧扣主题和教学重点创设情境。围绕教学重点内容，创设合适的学习情境，引起学生的兴趣和关注并产生困惑或疑问，为学生提供发现并提出问题、主动研究探索、主动参与教学过程的动力，是学生主动学习的助燃器。

其次是要搭建支架，以教学重点为出发点，做好相关知识的新旧衔接、复习巩固，帮助学生梳理相关知识，扫清有关障碍，为重点知识的学习铺好路、搭好桥。

再次是注意用启发思维来突出教学重点，办法有很多：

① 可以借助实验操作突出重点。

② 可以通过虚拟VR或AR等手段突出重点。

③ 可以采用"自主探究+小组合作+教师点拨"的形式突出重点。

④ 可以通过视频、动画等方式突出重点。

⑤ 可以通过图表、表格对比、分析突出重点。

⑥ 可以借助思维导图、知识地图、精心的板书设计突出重点。

⑦ 可以通过检测练习突出重点。

⑧ 可以通过任务驱动的方法突出重点。

⑨ 可以借助形象的肢体语言突出重点。

最后，在重点内容讲解之后，教师要围绕重点内容设计练习，强化训练，及时了解学生对重点内容的掌握情况，对于学生掌握不够的知识点，教师要通过多种途径予以反馈、纠正，帮助学生实现对重点内容的系统掌握。

（3）如何突破教学难点？

教学的重点和难点，是具有特定内涵的两个概念，既有区别，又在一定条件下具有同一性。教学重点不一定就是教学难点。教学难点的形成主要是由几个方面的原因造成的：

① 学生缺乏相关知识、经验。

② 英语基础或者知识、经验基础很薄弱，旧知识和技能掌握不牢固。

③ 学生原有的经验或者知识是错误的。

④ 知识抽象，学生需要思维视角转化的内容，从宏观到微观，从抽象到形象。

⑤ 教学内容太复杂、太抽象、过程复杂、综合性太强。

以上这些内容都有可能成为教学的难点。要想突破难点，就要抓住知识之间的衔接与联系，运用迁移和类推的方法去突破，也可以强化感知参与，运用直观的方法，或依托多媒体技术拓展思维来突破，比如：

① 情景式直播讲解或者对学生的操作进行点评。

② 有效运用虚拟仿真：使用计算机仿真软件。

③ 有效运用AR或VR。

④ 进行阶梯设计。

教育即生活，可以抓住英语来源于生活，运用联系实际、联系生活的方法来突破。最后，也是要紧扣难点，精心设计练习，使学生举一反三，突破难点，夯实基础。

（三）教学策略

教学策略有很多，可以按策略的形成、获得的学习结果的类别来进行分类。

一是按教学策略的形成进行分类，可分为生成性教学策略、替代性教学策略和指导性教学策略；二是按获得的学习结果的类别进行分类，心理学家加涅把学习结果分为五种类型，所以教学策略可以根据学习结果的类别分为言语信息的教学策略、智力技能的教学策略、认知策略的教学策略、动作技能的教学策略和态度的教学策略。

选用哪一种策略，要从多方面进行考量。可依据教学目标与学习任务、教学内容、学生的实际情况、教学策略的适用范围和使用条件、教师本身的素养、教学条件和教学效率的要求等。作为职业教育的英语教学策略，也有其特殊性。

1. 确定教学策略的关键是教师要重新"角色"定位

2020年3月教育部发布了《中等职业学校英语课程标准》，首次提出了中职学校英语学科的核心素养。学生发展核心素养，必然成为中职教育改革的主旋律。在新课标的指导下探讨基于核心素养的中职英语教学改革，有重要意义。

英语作为一门文化基础课程，对培养核心素养有着非常重要的价值。体现在以下几点：

（1）文化性：课堂不应该只是围绕着知识点开展教学的课堂，更应该是一个围绕着文化、一个有灵魂的课堂。语言教学，从表层来看是一个语言结构和体系的教学，深层次其实是由文化内容构成的，所以不应该仅仅是学习外部的形式，更应该由表及里去挖掘语言背后所承载的文化内涵。

（2）自主性：转变教学方式，以学生为中心。学生是第一探究主体，自主性是人作为主体的一个根本属性，在教学中应该给予充分的机会来展现自己。

（3）社会性：学生的心智发展是在和他人互动、和文本互动的意义建构过程中发展自己的素养。通过互动，学生不仅学会如何与人相处，还学会了遵守道德规范、社会责任感、实践精神以及对个人价值的一种体现。

当前中职英语教学存在一些问题：

"满堂灌"现象时有发生。有些课堂太浮夸，表面看似热闹，好像给学生带来了愉悦的学习体验，但只是流于形式，学生缺乏对于知识的真正的理解和真实的情感体验，始终停留在浅层次的、零散的知识学习上，限制了学生理解知识、建构意义、解决问题能力的发展。

出现这些现象的原因主要有以下几点：

（1）过度关注教学方法而忽略教学内容；

（2）没有真正认识到构成课程内容的关键要素；

（3）视语音、词汇、语法知识为教学的重点，忽略语篇知识和语用知识，以及语篇背后所承载的主题和文化知识。

学科知识只有通过开展逻辑连贯、层层递进的学科活动才能逐步转化为学科能力，并在特定情境中，将知识、思想和方法用于解决问题的过程中，逐步发展成为学生稳定的认知结构、态度和行为选择，指向核心素养和知行合一。因此，确定教学策略的关键是教师要重新"角色"定位，在认知上有一个新的认识。

（1）教师是教学资源的整合者。教师需要整合时间、整合空间、整合教材、整合学生。

（2）教师是学生情感的点燃者。帮助学生点燃激情、点燃自尊、点燃欲望、点燃好奇。

（3）教师是学生学习的点拨者。点拨学法、点拨结构、点拨难点、点拨航向。

（4）教师是学生学习的服务者。以学定教、以学评教、以学促教、教为不教，这些都是中职英语教师的应有之义。

（5）教师是学生学习的引导者。可以进行评价引导、流程引导、追问引导、拓展引导等学习活动。

（6）教师是课堂教学的组织者。教师需要帮助学生构建组织、组织自主学习、组织展示、组织反馈。

（7）教师是真实学情的发现者。用慧眼、用大数据去发现亮点、发现难点、发现疑点、发现切入点等。

（8）教师是课堂教学设计者。教学设计中要设计高度、设计坡度、设计跨度、设计进度。

（9）教师也是科学方法的提供者。教学生学会做人、学会做事、学会合作、学会创新。

2. 教师要有明确的职业教育的教学理念

（1）以学生为中心，通过开展教学活动突出学生主体地位。

（2）教学内容要基于工作体系，实现工学结合、产教融合。

（3）基于行动导向，教学过程要通过"做中学、做中教"，实现知行合一。

（4）先学后教，以学定教。

（5）借助于多种手段实施有效教学，建设高效课堂。做项目任务时要遵循行动导向的六个基本环节：导入信息、计划、决策、实施、检查、评价与展示，实现"做中学、做中教"的基本要求。

3. 确定教学策略与方法的要求

（1）坚持以学为中心：以完成学习任务为目标、成果输出为导向。

（2）体现职业教育类型的特点：职业教育是基于工作过程的一类教育；中职教育兼有基础性、职业性、发展性的特点。

（3）实施混合式教学模式：真正落实好线上、线下的资源与活动；设计有英语学科特色的混合式教学模式。

（4）如果英语是一门专业课，比如是商务英语专业的专业课，则要坚持行动导向的教学：做项目任务时要遵循行动导向的六个基本环节，即"资讯、计划、决策、实施、检查、评估"；实现"做中学、做中教"的基本要求。

（5）要遵循英语学科的教学规律：教学有法，要遵循基本的教学规律；遵循英语学科的认知规律。

（6）开展多元、多维教学评价：注意采集各环节中教学行为的数据；教学环节中及时开展评价、反馈。

4. 如何体现"以学生为中心"

以"学生为中心"是教育的一种思维方式，任何有关教学的决策与措施都应该把学生作为第一受益者来考虑，教学设计要以学生能力提升作为教学计划制订和课程教学的直接目标，尽可能地把能力的描述具体化，真正努力将课堂从"知识传递"转变为"能力培养"，使课堂有吸引力。以学生为中心的教学策略有很多：

（1）对学生进行科学的学情分析，从学生的问题出发创设教学情境，设计教学问题并引导学生探究、解决问题。

（2）强调师生、生生的全面良性互动，营造良好的课堂教学氛围，积极调动学生自主学习、合作学习的主观能动性和实效性，满足个性化的学习需求。

（3）对教材内容做适当的处理，挖掘出教材内容之间的内在逻辑联系及育人作用。

（4）争取准备两、三种针对不同群体学生的教学安排，实施分层教学。

（5）基于探究的学习，课堂教学要减少统一讲解，增加学生的自主探究和分组活动。

（6）课堂游戏化，帮助学生集中注意力并学习基本技能。

（7）基于项目学习，使学生能够完全沉浸在一个真实的、细微的问题情境中。

（8）体验式学习，让学生参与探究和反思，为学生提供新的学习方式。

（9）同伴教学，发展学生的推理和批判性思维技能，提升学生的人际交往能力。

（10）跨学科教学，鼓励学生在解决现实世界中的问题时发展创造性和批判性的思维技能，并从不同的学科中汲取信息。

职业教育要求教学中体现基于工作过程的课程教学的特点。虽然作为公共基础课的英语不是专业学科，但是也可以适当地采用基于工作过程的课程教学方法。

（1）以培养学生综合职业能力为课程目标。

（2）依据职业工作过程构建职业教育课程体系。

（3）以工作过程知识为主要课程内容。

（4）以工作过程为主线系统化课程内容结构。

5. 教学方法的确定

教学方法就是为完成教学任务而采用的方法，包括教师教的方法和学生学的方法。教学方法是教师引导学生掌握知识技能、获得身心发展而共同活动的方法。常用的教学方法有讲授法、谈话法、读书指导法、练习法、演示法、实验法、实习作业法、讨论法、研究法等。谈到教学方法，就会考虑到以下几个因素：

（1）教学方式。

狭义的教学方式是指构成教学方法运用的细节或形式。广义的教学方式外延很广，包括教学方法和教学形式，甚至涉及教学内容的组合与安排。

（2）教学手段。

为完成教学任务，配合某种教学方法而采用的器具、资料与设施等。

（3）教学模式。

教学模式是在教学实践中形成的具有一定指导性的简约理念和可照做的标准样式。它具有为完成一定任务而活动的方法特性，也属于方法范畴，它是在一定理念指导下的多种方法的特定组合。

教学方法包括教师教的方法（教授法）和学生学的方法（学习方法）两大方面。教学方法的分类可以从四个体系对教学方法进行划分：

（1）传授基础知识的教法体系，通常有讲授法、提问法、讨论法、演示法、读书指导法。

（2）培养一般能力的教法体系，培养观察能力的有参观法、演示法；培养思维能力的有讨论法、头脑风暴法、读书指导法；培养创新观察能力的有练习法、综合设计法。

（3）培养特殊能力的教法体系有实习教学法，教法因专业、内容、条件、环境等不同而有所差异。

（4）将知识转化为技能的教法体系。

在英语教学中经常可以用到的，有以下教学方法：

（1）角色扮演教学法。

"角色扮演（Role Playing）"原本是一种社会心理学技术，使人扮演某个特定的角色，并按该角色的方式和态度行事，从而增强角色扮演者对他人社会角色及其自身原有角色的理解，进而更加有效地履行自己的角色，该技术最早起源于美国心理学家莫瑞努（Moreno）创作的心理剧（psychodrama）。角色扮演教学法就是围绕每一个特定主题采用表演的方式来开展教学，从而使得整个教学过程形象、生动，激发学生的学习兴趣，提高学习效果。

（2）体验式教学法。

体验式教学法是指教师根据教学大纲的要求，结合教学内容，通过创设相关情境组织学生参与课堂讨论或指导学生参与社会实践活动，学生从亲身体验中获得真实的感受，从而更好地理解教学内容的一种教学方式或学习方式。

（3）情境教学法。

英语教学中，创设的情境常见的有三种：

第一种是创设现象情境：激发学生对所学知识的学习兴趣。著名教育家陶行知说："教学艺术就在于设法引起学生的兴味，有了兴味就肯用全部的精力去做事。"而情境教学法在激发学生学习兴趣方面能够产生较好的效果。

第二种是创设"意外"情境：通过"意外教学"的方式，能够在教学中彰显出学生的主体性，使学生养成独立思考的习惯，同时使学生的科学素养得以提升，发现问题和解决问题的能力得以增长，而以学生为中心的课堂也必然是有效的。

第三种是创设应用情境：结合学生认知的"最近发展区"，为学生创设问题情境，能有效地提升学生的科学素养。也可以创设探究式情境和拓展式情境。

（4）话题式教学法。

"话题式"教学法是一种以话题为载体的教学方法，其特点是学生围绕已有生活体验的话题，自由地、无拘无束地参与其中。

（5）翻转课堂式教学法。

翻转课堂式教学法是指学生在家完成知识的学习，而课堂变成了教师、学生之间和学生与学生之间互动的场所，包括答疑解惑、知识的运用等，从而达到更好的教育效果。

"翻转课堂"的特点如下：

第一，教学视频短小、精悍。大多数的视频都只有几分钟的时间，每一个视频都针对一个特定的问题，有较强的针对性；视频的长度控制在学生注意力能比较集中的时间范围内，符合学生身心发展的特征；视频具有暂停、回放等多种功能，可以自我控制，有利于学生的自主学习。

第二，重新建构学习流程。通常学生的学习过程由两个阶段组成：第一阶段是"信息传递"，是通过教师和学生、学生和学生之间的互动来实现的；第二个阶段是"吸收内化"，是在课后由学生自己来完成的。由于中职学生自律性较低和学习基础薄弱的原因，"吸收内化"阶段效果不佳。"翻转课堂"对学生的学习过程进行了重构。"信息传递"是学生在课前进行的，教师不仅提供了视频，还提供了在线的辅导；"吸收内化"是在课堂上通过互动来完成的，教师能够提前了解学生的学习困难，精准备课，在课堂上给予有效的辅导，同学之间的相互交流更有助于促进学生知识的吸收、内化。

（6）项目教学法。

项目教学法是指教师设计覆盖教学内容的项目并围绕项目组织和开展教学，学生在教师的引导下通过完成项目学习知识、训练能力、培养素养的一种综合性教学方法。

项目教学法一定要包含三类要素：第一要包含"认知要素"，即对于教学内容的认知活动和认知过程，如能力的训练、知识的学习、教学活动等从简单到复杂、从感性到理性。如果项目没有教学认知的相关内容，就不符合教育的初衷；第二要包含"企业要素"，即根据企业工作环境设计教学内容。比如英语课常见的，利用所学知识进行产品的直播带货；第三要包含"社会要素"，即让学生走到社会中进行实践，与人交往、与人合作，进行社会服务等相关工作。比如酒店场景的英语，学生要学会如何与顾客打交道。

（7）PBL教学法。

PBL教学法（Problem-Based Learning）是以问题为基础，把学习过程置于复杂的、有意义的案例情境之中，以学生为中心，以小组讨论和课后自学的形式，让学生自主合作来解决问题的自我导向式学习，也称为基于问题式的教学方法（PBL），突出特点在于培养学生自主学习和终身学习的意识和能力。PBL 教学法遵循了建构主义教育理论，通过学生主体对客观知识的主动建构过程，学生可以获得理论水平和综合能力的提高。

（8）交际教学法。

交际教学法是根据意念项目和交际功能发展学生交际能力的系统教法。其目的是让学生能够运用言语进行交流，重要的是使学生能够考虑到进行相互交流的人们的作用和地位，考虑到所涉及的题目和情境，从而能恰如其分地运用语言。

新的课程观提倡开放式的教学方法，要求采用互动式的教学模式。师生互动是课堂教学中最主要、最基本的人际交往方式，通过师生互动、生生互动可以营造一种相互理解、相互合作、民主、平等、和谐的教学氛围，从而有效地激发学生的学习热情，促进学生健康发展。

（9）游戏教学法。

用游戏的形式复习单词、句型，练习新语言点，使学生寓学于乐，在活泼、轻松、愉快的气氛中自然而然地获得英语知识与技能。游戏要求简短、易行、有趣味，而且要与本课教学内容紧密相关。能使学生好玩、好动、好胜的心理特点得到极致的发挥，寓教于乐，将大大地提高学生的学习兴趣。

例如，"你来表演我来猜"游戏。游戏能够充分调动学生们的积极性，集中精力，有助于加深他们对词汇的印象，从而帮助他们记忆和理解词汇。

（10）竞赛教学法。

中职学生活泼、好强、表现欲望强，教师可利用学生这一特点，努力在英语课堂上为学生创造说和做的机会，使他们处于学习的主人地位。把竞争机制引入课堂中，不仅拉近了师生之间的距离，而且能使学生整个身心处于积极、主动的学习状态。

6. 选择教学方法的基本依据

选择与运用教学方法的基本依据在于教学目的和任务的要求，课程性质和每节课的重、难点，学生年龄特征，教学时间、设备、条件，教师业务水平、实际经验及个性特点等。教学方法运用要注重综合性、灵活性和创造性。中职英语教学方法的选择，主要依据以下几点：

（1）根据学生实际特点选择教学方法。

学生的实际特点直接制约着教师对教学方法的选择，这就要求教师能够科学而准确地研究、分析学生的上述特点，有针对性地选择和运用相应的教学方法。

（2）依据教学内容特点选择教学方法。

不同学科的知识内容与学习要求不同；不同阶段、不同单元、不同课时的内容与要求也不一致，这些都要求教学方法的选择具有多样性和灵活性。

（3）依据教学目标选择教学方法。

不同领域或不同层次的教学目标的有效达成，要借助于相应的教学方法和技术。教师可依据具体的可操作性目标来选择和确定具体的教学方法。

（4）依据教师的自身素质选择教学方法。

根据自己的实际优势，扬长避短，选择与自己最相适应的教学方法。

（5）依据教学环境条件选择教学方法。

教师在选择教学方法时，要在时间条件允许的情况下，最大限度地运用和发挥教学环境条件的功能与作用。

7. 教学模式的确定

职业教育的教学模式有很多，常用的有以下几种：线上线下混合式教学模式、行动导向教学模式、翻转课堂教学模式、问题导向教学模式（PBL）、团队合作教学模式（TBL）、信息化教学模式等。

（1）混合式教学模式（Blend-learning teaching model）。

混合式学习是一种结合了线上（online）教学和线下（offline）教学的新型教学模式。该模式根据不同情境和目标，在时间、地点、路径、进度等方面可以灵活地选择线上部分和线下部分，形成一个整体性的课程，它有三个特点：有一部分教学通过网络进行，在线期间可以自主控制时间、地点、路径或进度；有一部分教学师生面对面进行；线上、线下相互补充，形成一个完整的教与学过程。

实施混合式教学模式需要做好以下几点：

① 明确教学目标，分析学生特征。

分析学生特征、内容特点和目标要求，确定学生自主学习的特点和学习指引，设计线上自学、讨论、反馈、展示、交流的活动。

② 构建教学环境，准备教学资源。

构建技术支持的混合学习环境：课程网站、移动学习平台、学习空间互通；提供混合学习的教学资源：导学指引、微课、学习任务单、反馈交流。

③ 利用资源平台，设计教学活动。

设计线上自学、讨论、反馈、展示、交流的活动；设计面对面的线下（课中）活动；要充分利用学习平台和课程教学软件，设计课前、课中、课后的活动。

④ 展示教学成果，实施教学评价。

在平台上展示、交流教学成果，开展互评和社会评价；实施在线评价、平台或软件的客观评价，建立学习成果档案夹。

（2）行动导向教学模式（Action-oriented teaching model）。

在学习过程中遵循"咨询、计划、决策、实施、检查、评估"这一完整的"行动"过程序列，通过师生互动，学生可以通过"独立地获取信息、独立地制订计划、独立地实施计划、独立地评估计划"，在自己的实践中，掌握职业技能、习得专业知识，从而构建出属于自己的经验和知识体系。

实施行动导向教学模式需要做好以下几点：

① 学生是行动导向教学的主体。学生是主动的学习者，与教师、同伴深层次地进行对话与交流，不仅是信息输入者，更是信息输出者，是

行动的执行者，教师则扮演着组织者、协调者的角色。

② 行动导向教学的逻辑框架是以工作过程为导向，教学目标具有针对性。

③ 行动导向教学的主要特征是以任务为引领。行动导向教学通常包括以下五个步骤：下达任务、做好计划、进行决策、实施任务、检查评估。

（3）"做中学，做中教"教学模式（Learning by doing, teaching by doing teaching model）。

通过"做"这一主线，把理论和实践的距离缩短，把知识和技能联结起来，培养学生真实、有效的操作技能。

实施"做中学，做中教"教学模式需要做好以下几点：

① 遵循"以学生为中心"的教学理念，具有特定的实践教学环境条件，适合学生独立开展专业实践活动。学生通过自己动手，逐步建构起自己的工作经验和专业知识体系，逐步形成职业岗位需要的综合实践能力。

② 以结果为导向，以实践为主体。强调"做"有明确的目标导向，有清晰的行为活动路线，有严密的活动计划安排，有严格的企业产品质量评价标准；"做"要有结果，完成项目，呈现作品。

③ 以培养综合职业能力为目标。涵盖专业能力、方法能力、社会能力，以及与职业岗位相关的职业素养等。

（四）教学过程

教学过程设计是指为了达到预期的教学目标，运用系统观点和方法，遵循教学过程的基本规律，对教学过程的活动进行系统规划的设计。课堂教学活动是教师无形的教学理念在课堂上的有形体现，是促使学习真正发生的关键所在；合理设计教学过程直接关系到教学目标的达成程度；教学过程的设计直接反映了教师的专业素养。

1. 教学过程重点设计要思考的问题

（1）课前——如何布置课前预习作业？如何进行课前预热？如何做好课前准备？如何让学生进行课前学习？

（2）课端——如何根据教学内容，选择合适的教学方法进行情境导入、情节导入或案例导入？

（3）课中——教师如何进行讲解？学生如何开展训练？如何采集教学过程中学生表现的数据？如何根据学情适时地调整教学策略？

（4）课尾——如何进行多元评价？如何进行总结、归纳？

（5）课后——如何布置课后作业？如何促进学生课后提高？

2. 教学活动设计中的常见问题

（1）教学活动与教学目标不匹配。活动与目标不匹配主要是指活动不能达成目标，活动与目标之间割裂。有一些教师为了创新，吸引注意力，设计了很多新颖、有趣的活动，却忽略了设计的活动是否能达成教学目标。

（2）有些教学活动低效，对发展学生的能力无法起到作用，比如一些猜测的提问型活动可以提高学生积极性，活跃气氛。但如果缺乏具体的线索信息，没有提供足够的语言支架，课堂的效率也不会是高的。

（3）教学活动不符合逻辑规律。活动的设计没有考虑学生与主题相关的已有的知识经验。

教学活动是为了达成目标而设计的，必须与目标相匹配。活动设计要紧贴文章的主题，联系与主题相关的知识经验和生活经验；教学活动的内容和形式要贴近学生的生活实际，符合学生的认知水平和生活经验；要创设语言发生的真实语境，要贴近现实生活中语言使用的实际情况。

因此，教学活动设计应注意以下几个问题：

（1）坚持"以学为中心"的要求，激发学生的热情，自主参与教学活动。

（2）切实实施混合式教学模式，线上、线下融合在一起，扩充知识量，开阔视野。

（3）问题导学、项目导学、任务导学、行动导向。

（4）教学中合理运用信息技术呈现重点、破解难点、强化训练。

（5）师生深度互动，注意分层教学、分层指导。

（6）采集教学过程数据呈现学习成果，实施多元、多维评价。

3. 教学环节设计撰写要点

教学环节设计是整个教学设计的核心部分。一节好的课应该是这样的：

（1）高效导入。一堂新课的内容对于学生来说是陌生的，所以需要用一些学过的知识或者生活中类似的例子来慢慢引入，起到"吸睛、凝神、起兴、点题"的作用，是有趣又实用的"课程导入"。

（2）合理分配时间。比如导入几分钟，课堂练习几分钟，完成重难点任务需要多长时间。有效的时间分配能显示教师的功力。

（3）以学生为中心。教师是引导者和解答者，学生才是课堂的推进者。

因此，教学环节设计要注意以下几个问题：

（1）理论引领。教学流程要遵循认知主义、建构主义学习理论的指导。

（2）明确要求。本课教学的具体任务及其知识点、技能点，应当有明确介绍。

（3）以学生为中心。学生活动的安排建议尽量具体、详细，体现出以学生为中心。

（4）成果意识。每节课都应有"成果"输出，教学评价的对象是什么？评价指标是什么？怎样评价？在教案中应当明确。

（5）重点突出。对于突出重点、突破难点、思政融入之处，在"设计意图"中说明。

（6）教学反思。教案的反思主要是针对本节课，应当尽量具体、有针对性。

（7）信息化。利用信息化手段，解决教学中的重、难点问题；尽可能使用智能化手段记录教学过程中的教学行为，形成评价数据。

（8）分层教学。针对不同层次的学生的辅导，开展分层教学。

4. 职业教育设计教学过程的三要领

教学过程是教学设计中的核心，教学过程的呈现是考查教师教学能力的关键，教学有法，但教无定法，重点会在教学过程的实施中体现出来。教学过程可以因教学对象而异、因教学内容而异、因教学环境而异，设计教学过程要掌握三个要领：

（1）教学环节设计合理。

教学环节是教学过程的具体步骤，设计教学环节要有教师独到的见解，以一条主线来推进教学，师生互动收放自如，教学环节环环相扣、层层推进。

（2）方法、手段选用合理。

一节课的教学任务，教学方法手段不要追求多，切忌花哨，重在合理、高效，不同的教学材料可以用不同的方法、手段来展现，教师可以在实践中不断尝试、不断总结，有比较才能有鉴别，最终选用最高效的方法、手段。

（3）渗透、呈现各类标准。

教师在实施教学中要自然地渗透行业标准、专业教学标准、课程标准、课堂教学标准等，各类标准的渗透要自然、贴切，不能生搬硬套。突出以学生为中心，实现"做中教、做中学"。

在教学方法的选用中，教师要践行"教无定法，教必有法，让教法贴近学生"的原则；在教学组织形式中，根据课程内容及学生特点考虑细节的问题，比如针对是否要开展小组学习、如何分组、如何开展小组活动等进行合理安排；在教学活动设计中，体现活动目标与教学目标的一致性、任务选取的典型性、教学情境的真实性、活动过程的充分性等。

职业教育的教学环节的设计可以是多样化的，以下是几种常见的教学环节：

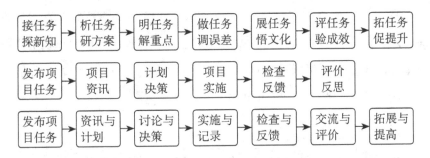

针对英语学科，可以划分为学习理解活动、应用实践活动和迁移创新活动三个环节。

（1）学习理解活动。

①情境导入，主题的激活与感知；

②以旧促新，知识的获取与梳理；

③强化理解，表达的概括与整合。

（2）应用实践活动。

① 新知与已知的关联；

② 文化与生活的内化；

③ 知识与技能的运用。

（3）迁移创新活动。

学生是语言实践活动的主体。学习的过程本质上是学生主动建构的过程，因此学习活动要从学生的视角考虑问题，设计活动要充分考虑学生的知识基础、心理基础、兴趣爱好等情况，调动学生的情绪，让学生的思维参与到学习活动中，确保学生参与学习活动的主体性。

同时，生活化的学习任务能激发学生学习的热情和内在的动力，调动学生的思维和情感，促使学生认识到执行学习任务、分析问题、解决问题的必要性和重要性，让学生感受到参与学习活动的潜在价值和实践指导意义。

迁移创新活动是英语学习活动中的最高层次表现，是提高学生英语学习和运用能力的关键。该活动需要学生在新的语境中，利用新的知识结构，创造性地解决陌生情境中的新问题，表达正确的观点、情感和态度，从而促进能力向素养转化。

（五）教学评价

教学评价是对学生学习的评价，既要关注学生对语言知识和语言技能的掌握，又要重视学生综合语言运用能力的发展，同时还要重视其在学习过程中的情感态度和参与表现。

教学评价的目的主要有以下三个方面：

1. 检测

了解学生对语言的综合运用能力，例如，在讲美国英语和英国英语的区别时，需要让学生获得一种理解能力，让他们知道这两种语言在日常生活中的使用。

2. 激励

教师可以采取一些有趣的活动，如游戏、表演、竞争、展示等，使学生参与其中，让他们能够在一种情境中较好地掌握和理解这两种语言的差别。然后，教师对学生参与活动的表现进行评价，这非常有益于学生更好地认识自我，树立自信。

3. 促进学生发展

教学评价设计要思考教学评价如何能起到导向的作用，促进学生的全面发展。有效的评价应该有助于学生反思和调控自己的学习过程，从而促进综合语言运用能力的不断发展。

总之，教师在进行教学评价设计时，要结合教学目标、教学内容和学生的个体差异等因素，设计适合自己的教学和学生学习的评价指标，制订切实可行的评价标准。通常我们可以从以下几个方面进行考虑：

（1）紧扣教学目标对学生学习效果的评价。

（2）针对教学策略对教师教学设计的评价。

（3）教学目标是否实现。

（4）教育、教学理念是否转化为具体的教学行为，是通过何种方式转化的。

（5）是否创造性地挖掘和利用教学资源。

（6）教学设计最突出的亮点是什么？存在的问题和症结是什么？

（7）针对存在的问题，提出改进的策略。

（8）依据教学行为数据，进行评价。

以上这些指标，都可以通过结构化观察、问卷调查、形成性练习、总结性测验等途径，收集学习者数据，促进教师教学的有效性。

中职英语教学应注重学习的动机态度、过程和效果三位一体的评价，构建了基于英语学科核心素养的过程评价体系，把职场语言沟通、思维差异感知、跨文化理解和自主学习融合到过程性评价之中。

（1）评价主体多元化。有学生自评、互评、教师评价等。

（2）评价形式多样化。包括课堂表现评价、作业表现评价、各类活动表现评价、课下学习表现评价、测验等。

（3）评价内容全面性。包括学习目标、学习态度、学习策略等在内的多方面。

（4）评价目标的多维化。通过各类活动加以体现。

基于英语学科核心素养的过程性评价体系									
评价内容	一维	职场语言沟通		跨文化理解		思维差异感知			自主学习		
	二维	语言知识	语言技能	对中外文化的理解	对优秀文化的认同	逻辑性	批判性	创新性	学习动机	学习态度	学习策略
评价形式	课堂表现评价	1.基本能正确回答老师提出的问题 2.课堂展示在表现优秀		1.回答问题有正确的价值取向，能理解中外文化和认同优秀文化 2.学生针对文本设计的问题有深度		1.回答开放性问题有自己的见解			1.认真听讲，积极回答问题 2.能跟上教学进度，掌握课程所教内容		
	作业表现评价	3.作业优秀		3.口头和书面作业有正确的价值取向		2.口头和书面作业思维良好			3.完成作业认真，准确率高		

评价形式	课下表现	4.学科活动表现优秀，综合素质良好	4.学科活动中有正确的价值取向	3.课下问的问题有深度（主动提问、敢于质疑）	4.英语学习有目标、有计划并能按计划完成 5.主动提问 6.能选择合适的学习策略和方法 7.合作意识强 8.能根据表现客观进行自我评价和对他人的评价
评价分值	每有一条记录，记1分				

基于英语学科核心素养的过程性评价关注学生的全面发展和进步，以促使中职学生不断反思，树立正确的学习动机，逐步掌握正确的学习方式，掌握适合自己的学习策略，提高学习的质量与效果。

（六）教学反思

教学反思是教师对自己的教学活动过程和课堂教学实践进行全面、深入、冷静的思考和总结，对自己在教学活动过程和课堂教学实践中所作出的行为决策以及由此产生的结果进行审视和分析的过程，是促进教师专业发展和自我成长的核心因素，是一名优秀教师在成长过程中不可缺少的重要环节。只有反思自己的教学行为，总结教学的得失与成败，对整个教学过程进行回顾、分析和审视，才能形成自我反思的意识和自我监控的能力，才能不断丰富自我素养，提升自我发展能力，逐步完善教学艺术，以期实现教师的自我价值。

1. 如何撰写教学反思

教学反思能力决定着教师的教学能力和在工作中开展研究的能力。

在动笔前，要从几个方面先进行思考：

（1）收获和成功的地方。

可以反思教学是否达到预设目的，或是处理课堂教学中突发事件的应变过程，或是教育学、心理学中一些基本原理运用的感悟，或是教学方法上的改革与创新，或是双边活动开展的经验，或是在备课时未曾考虑到而在课堂上突然迸发出的灵感和火花等。

无论是哪一方面有益的收获，课后及时反思，这样日积月累、持之以恒，并把它们归类、整理、提升，形成一些带有规律性的东西，供以后教学时参考、使用，并在此基础上不断地改进、完善、推陈出新，这样对提高课堂教学能力，探索课堂教学改革的思路，形成自己独特的教学风格，大有好处。

（2）做得不足的地方。

任何一节课，都会有一些瑕疵，有可能在上课的过程中才发现，这样讲可能是教材处理不当，也有可能是对某个问题讲得不够透彻，需要对它们进行回顾、梳理，并作出深刻的反思、探究，使之成为引以为戒的经验和教训。只有正视不足，吸取教训，及时弥补不足，教学质量才能越来越高。反思不足是教师不断提高自身教学水平的客观需要。

（3）疑点、难点是否已解决。

每节课下来，学生或多或少地会存在某些疑问，有时课堂上无法及时得到解决，教师可以把从学生方面反馈过来的疑点记录下来，细加琢磨，有利于今后的教学和复习更具针对性。

教师对教学内容也会有疑点、难点，即指教师难讲、学生难懂的知识点。教师对教材中的问题并非一下子就可以理解得十分透彻，有时可能似是而非。通过课堂教学，教师自己会感觉到这些，把它记录下来，促使自己今后对这一方面的问题加深研究，使之明白透彻；提高处理教材难点的能力，化难为易，再帮助学生突破难点，使其加深对教材的理解。

作为中职英语教学的反思，还要有一些特殊的反思：

在课堂教学过程中，学生作为学习的主体，他们总会有"创新的火花"在闪烁，教师应当充分肯定学生在课堂上提出的一些独到的见解，这样不仅使学生的好方法、好思路得以推广，而且对他们也是一种赞赏和激励。

同时，这些难能可贵的见解也是对课堂教学的补充与完善，可拓宽教师的教学思路，提高教学水平。因此，将其记录下来，可以作为以后丰富教学材料的养分。记录成功之举、"败笔"之处、教学机智、学生见解、再教设计。

2. 撰写职业教育教学反思的四个要点

除了以上要注意的问题之外，职业教育的教学反思还要注意以下四个问题：

（1）教学是否达到教学目标。

新课标要求在确定教学目标时，除了本课的重、难点之外，还要特别注重培养学生的核心素养。将核心素养的培养贯穿于整个课堂教学中，使之成为课堂升华的一个标志，成为教学过程的灵魂。

（2）教学活动是否有充分的沟通与合作。

教学的过程中，师生之间、学生之间是一个学习共同体的关系，应该具有多种多样、多层面、多维度的情境沟通与情感沟通，应该是积极互动、相互理解、相互接纳、共同发展的过程。没有互动，没有小组合作学习，那就还停留在"填鸭式"教学阶段，是只有教学表现形式而无实质性"让学习发生"的"假教学"。

（3）是否创造性地使用教材。

教师既是教材的使用者，也是教材的建设者。随着时代的不断发展变化，书中的理念或知识会变得陈旧，或者仍具有实验性质，还有待在实践中进一步检验、发展、完善和推陈出新。因此，我们需要创造性地使用教材，并在课后反思中进行记录，既积累经验又为教材的使用提供建设性意见，使教师、教材和学生成为课程中和谐的统一体。

（4）教学过程是否存在不足。

我们在追求以学定教、信息化手段、创造性地使用教材的同时，还要反思自己的课会不会只有外在的风光而没有实质的教学意义？学生有没有进行思考？小组合作学习是不是只是一种形式？探究性学习能否真正发生？设问是否高效？学生的讨论活动是否富有成效、学生能否自信地表达？教学中有无关注学生情感、态度、价值的变化？有无关注到学生的个性差异实施分层教学？学生有无创造性？对这些问题，只有认真思考、仔细梳理、深刻反思、无情剖析，并对症下药，才能找出改进策略。

教学，不仅仅是"我说你听"或表演，更重要的是要引导学生在情境中经历、体验、感悟、创造。无论是情境的创设还是内容的呈现，无论是问题的设置还是释疑解惑，均应"一切为了学生"，多层次、多维度、多渠道地开展英语教学活动。尊重学生的个性差异，尽可能地创造条件发展学生的思维能力，培养他们的思维品质，促进学生核心素养的发展。

3. 教学反思是教师持续进步的重要手段

反思教学是一种用来提升自身能力、改进教学实践的学习方式，不断对自己的教育实践深入反思，积极探索与解决教育实践中的一系列问题，有利于进一步充实自己、优化教学，让自己逐渐成长。

（1）教学反思要善于捕捉教学的闪光点。

（2）教学反思要及时寻找教学的失误点。

（3）教学反思要有效凸显教学的发展点。

（4）教学反思要勤于记载教学的疑惑点。

（5）记录学生的不同见解。

先学后教、以学生为中心、深度互动、成果导向、过程评价等这些关键环节都是职业教育教学设计要关注的内容，如何进行多元、多维评价，让课程思政无痕融入教学中，采用新模式、新手段、新信息技术解决教学的重、难点都是职业教育教师要深度思考的问题。

中职英语教学设计实例

Unit 9 Everything is made in China!　听说课

【课题信息】

课程名称	英语	课题名称	Unit 9 Everything is made in China!　听说课		
授课课时	共2课时	授课教材	中等职业教育课程改革国家规划新教材《英语基础模块2》（第2版）		
授课时间	2022年6月	授课对象	2020级国际商务专业学生	授课地点	智慧教室

【教学分析】

教材分析	教学内容	1.学习与购物相关的词汇和句型。 2.理解并运用所学的表示物品材料的常用名词，掌握询问物品信息的表达方式
	教学标准	《中等职业学校英语课程标准》（2020年版）《中等职业学校英语教学大纲》

学情分析	优势	1. 思维积极、活跃，信息时代原住民。 2. 具备一定的英语知识技能和自主学习能力，刚学习了跨境电商知识，掌握了一些网络销售技能
	不足	1. 受到年龄、阅历等因素的制约，缺乏脚踏实地的精神。 2. 对所学技能的运用还处于知识认知层面，对技能的进一步运用有畏难情绪
教学目标	知识目标	1. 学习询问物品相关信息的词汇和常用表达。 （1）词汇：cotton, plastic, wood, stone, silk, leather, be made of, size, price, material, color, place of production, design, look for, prefer, have a look at, medium, dressing room. （2）常用表达：I'm looking for..., What color do you prefer? What's this called in English? What is it made of ? What's it used for? Where is it made? 2. 掌握用一般现在时的被动语态介绍物品的方法
	能力目标	1. 运用相关词汇、句型介绍常见物品，提升语言表达能力。 2. 提升自主探究合作能力
	情感目标	1. 发展学生自主学习能力和团队协作精神，形成有效的学习策略，知行合一。 2. 了解中欧班列，开阔眼界，工学结合，增强职业底蕴
教学重、难点	教学重点	掌握介绍产品基本信息的词汇及句型
	教学难点	运用所学词汇、句型对物品进行询问

【教学策略】

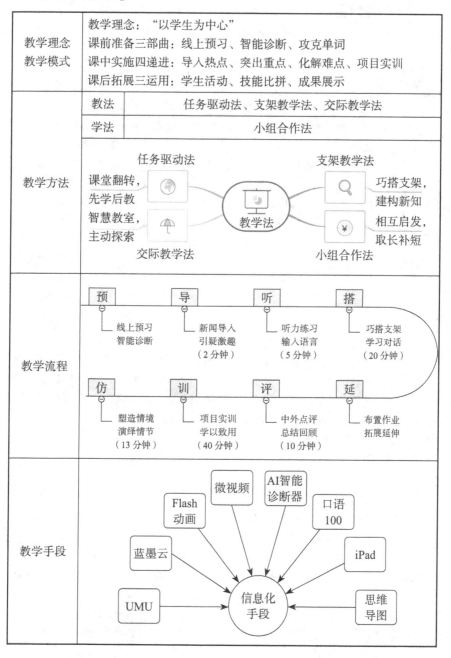

教学理念 教学模式	教学理念："以学生为中心" 课前准备三部曲：线上预习、智能诊断、攻克单词 课中实施四递进：导入热点、突出重点、化解难点、项目实训 课后拓展三运用：学生活动、技能比拼、成果展示	
教学方法	教法	任务驱动法、支架教学法、交际教学法
	学法	小组合作法

【教学过程】

（一）课前准备"三步曲"

教学环节	教师活动	学生活动	设计意图
一步曲：翻转课堂启动预习	将课前学习资源上传到蓝墨云班课平台上，发布课前预习指令。进行问卷调查1.《我最喜爱的英语学习方式》；2.英语学习困境调查	在手机移动端登录蓝墨云班课信息化教学平台，观看Made in China的相关视频，完成预习任务	1.通过蓝墨云班课平台，提高学生自主学习的能力，拓宽其学习时间和空间，提升其学习能力。2.通过微视频，帮助学生了解本课主题，激发学生兴趣。3.通过蓝墨云班课问卷调查，了解学生喜爱的英语学习方式和学习困境，以便选择有效的教学方式，提升教学效果
二步曲：学情诊断精准备课	（1）通过平台，了解学生预习情况，然后在批改网上发布讨论问题，要求学生对物品基本信息进行提问。（2）通过批改网的AI人工智能学情诊断功能对讨论区提交的问题列表进行诊断，结果显示，学生在产品介绍的关键词plastic, leather, material, production 和medium 的书写上存在拼写错误问题	登录批改网，对物品的基本信息进行提问，完成讨论发帖	通过批改网的AI智能学情诊断功能，得出存在的问题，以学定教，精准备课，丰富教学资源
三步曲：自主学习攻克单词	针对学生预习存在的词汇问题发布单词操练任务指令	借助口语100 App学会读、写单词	学生通过口语100 App自主学习，从易到难攻克单词，实现个性化、差异化的学习，提升学生语言能力和学习能力

（二）课中实施"四递进"

教学环节	教师活动	学生活动	设计意图
一递进：导入热点创设情境	播放一段中欧班列的视频，让学生初步感知中欧班列是如何满载中国制造的货物到达欧洲的。并提出任务，如何描述这些出口国外的货物，并提出要求：要学好英语	带着问题思考	通过微视频，导入热点，吸引学生注意力，初步感知
	点评课前布置的作业，示范正确读音	对发音不正确的单词进行改正，提升拼、读单词的能力	通过口语100 App反馈的情况，分析学生课前预习的情况
	新单词点读，让学生再次回顾新单词	复习已经自学的新单词	通过iPad，回顾课前自学的新单词，加强对本课新单词的操练，提升语言能力
	开展flash动画游戏	通过图片式单词学习法再次学习单词	通过flash单词游戏，巩固所学单词
	观看动画片《购物》	听力练习，完成课本相关练习3、4，进行语言的有效输入	通过flash动画，完成听力训练，为口头表达做好准备。通过希沃白板，增强学生的课堂参与积极性
二递进：巧搭支架突出重点（录课片段）	（1）巧搭情境支架通过购物场景，引入产品的询问与介绍	讨论如何询问和介绍产品	从情景、内容、语言、结构、情感五方面搭建支架，将所学的有关购物的句型融入英文歌曲中，让学生通过大声歌唱，寓教于乐，将句型记得更牢固，朗朗上口。
	（2）巧搭内容支架制作思维导图，通过玩配对游戏，帮助学生理解每个购物环节的对话句型	通过玩配对游戏，理解每个购物环节的用语；完成思维导图，齐读对话；吟唱融入了有关句型的英文歌曲，进入乐学状态	

教学环节	教师活动	学生活动	设计意图
二递进：巧搭支架突出重点（录课片段）	（3）巧搭语言支架 利用英语学习手机App发布句型练习任务	利用口语100 App跟读对话，然后借助AI智能机器人实现人机对话，进行角色扮演	通过希沃白板，制作思维导图和玩配对游戏，帮助学生了解购物环节，提升其思维品质，突出重点。
	（4）巧搭结构支架 通过对话的学习归纳、呈现结构框架	在教师设定的情境下，根据结构框架，练习购物的场景，完整地介绍产品	借助口语100 App，实现AI智能诊断和人机对话，增强学生的参与积极性。
	（5）巧搭情感支架 让学生感受到道路自信、制度自信，增强民族自信心，践行文化育人	体验信息化口语学习过程，对商品的介绍方法有更深入的认识	通过思维导图软件，呈现购物流程，帮助学生更为直观地掌握相关知识，突出重点
三递进：沉浸体验化解难点	以生活中的服装标签和亚马逊平台上的服装网页，帮助学生触碰真实情境，巩固重点句型，要求学生运用所学语言填写信息卡	分组练习，完成基本信息卡的填写，操练词句	通过PPT和亚马逊购物平台，实现体验式教学，学生可以在游戏中加深对重要知识点的理解，提升其文化品格
	师生互动，帮助学生解决难点，营造"做中学，学中乐"的课堂氛围。利用实物按思维导图操练句型	通过看、写、说基础操练后，生生互动，共同讨论存在的问题，接着情景演绎	通过希沃白板，操练产品介绍相关句型，有效输出语言，提高学生信息素养，化解本课难点
四递进：项目实训工学结合	播放农产品通过电商销售的视频	观看视频，小组讨论热点话题，要有创业精神，在危机中育新机，做好跨境电商，熟悉中国产品的英文介绍	通过微视频，提高学生思辨能力和主观能动性，实现思政教育与英语学习的无缝对接，提升学生思维品质

教学环节	教师活动	学生活动	设计意图
四递进： 项目实训 工学结合	创设情境，布置实训任务，开展辩论：Is it better to buy imported goods or home-made goods?	用VR眼镜观看进口和本土汽车产品的介绍视频，讨论两类产品的优缺点，分组准备，进行辩论	通过VR眼镜，为学生创设仿真的项目实训环境，将所学真正运用于实践中
	指导学生展示，连线外教进行评价，评选出最佳辩手	进行口语练习，将思政教育融入其中	通过做软投屏App和钉钉课堂，实现与外教的实时对话，帮助学生了解自身不足。借助UMU投票器，选出最佳辩手，提升学生的综合评价技能和思维品质
	播放China Daily关于中国援助全世界150个国家抗疫的视频，实现思政教育、民族自豪感与英语学习的无缝对接	观看视频，小组讨论热点话题，提升民族自豪感	通过微视频，提高学生思辨能力和主观能动性，提升其文化品格
课堂小结	教师回顾总结：产品介绍的词汇、句型和框架	回顾所学内容，进行梳理	对两节课的重点进行回顾，帮助学生掌握本课重点
作业布置	将小组完成的产品英文介绍根据评价进行相应的调整，上传至教学平台上		
板书设计	Unit 9 Everything is made in China! -Listening & Speaking size What size do you like? price What's its price? /How much is it? material What is it made of? color What color is it? place of production Where is it made?		

（三）课后拓展"三运用"

运用一： 视频观看	在网页搜索中英文产品介绍视频各一个，分析其中的异同点，增强对英语产品介绍内容的理解
运用二： 产品介绍	两人一组，在亚马逊平台的同一类产品中为对方选择一款产品作产品介绍，并对同伴的产品介绍进行点评
运用三： 技能节演绎	参加校国际商务专业月技能节商品介绍英语口语大赛，将所学运用于实践当中

【评价反思】

评价手段	整个教学过程针对学生课前预习、课内表现及测试、课外拓展均设计了评价体系，以课前、课内、课外三维度为一层指标，构建二层指标，根据二层指标依次收集学生在学习各环节中的得分，乘以相应权重汇集至一层指标，再由一层指标汇集得到学生总体的评价分数，实施多维评价和智能评价 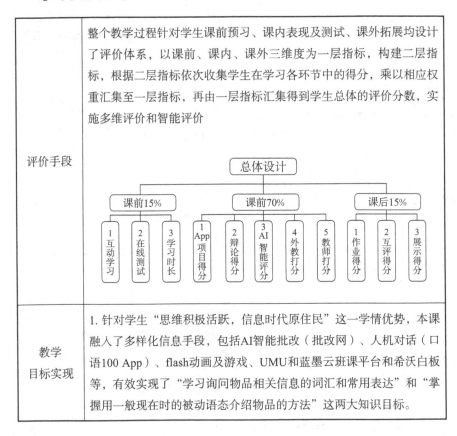
教学 目标实现	1. 针对学生"思维积极活跃，信息时代原住民"这一学情优势，本课融入了多样化信息手段，包括AI智能批改（批改网）、人机对话（口语100 App）、flash动画及游戏、UMU和蓝墨云班课平台和希沃白板等，有效实现了"学习询问物品相关信息的词汇和常用表达"和"掌握用一般现在时的被动语态介绍物品的方法"这两大知识目标。

续 表

教学 目标实现	2. 针对学生"具备一定的英语知识技能和自主学习能力,学习了跨境电商知识,掌握了一些网络销售技能"这一学情特点,本课将VR技术、亚马逊平台和当下时事热点视频融入课堂中,帮助学生将所学运用于实践中,从而较好地实现"学会运用相关词汇、句型介绍常见物品,提高语言表达能力以及自主探究合作能力"这一能力目标。 3. 针对学生"受到年龄、阅历等因素的制约,缺乏脚踏实地的精神"这一学情特点,本课融入了中欧班列视频等时事热点,教育学生在今后的学习和工作中都应该脚踏实地、做实事,方能取得成功,为国争光。并开阔学生的眼界,让其体会到"中国制造"的强大力量和身为中国人的骄傲,工学结合,增强职业底蕴,实现本课情感目标
存在不足	在观看完中欧班列的视频之后,让学生进行分享时,发现学生能分享的话语不多,可以看出学生对中欧班列并不了解。如果单靠教师在课堂的输入而学生不主动去观察世界的话,收效不佳
改进措施	重视学生知识积累,关心国家大事,有家国情怀。今后要多布置一些课外阅读的作业,以扩大学生的知识面

附件:

学生口语表达评价量表

项目	A级 (4~5分)	B级 (3~4分)	C级 (2~3分)	D级 (0~2分)	评价 结果
面部 表情	面部表情丰富	面部表情较为丰富	偶有面部表情变化	几乎无面部表情变化	
肢体 语言	能根据所说内容非常合理地使用不同肢体语言	能根据所说内容较为合理地使用不同肢体语言	能根据所说内容偶尔合理地使用不同肢体语言	未能根据所说内容合理地使用不同肢体语言	
眼神 交流	与观众有非常丰富的眼神交流	与观众有较为丰富的眼神交流	与观众眼神交流较少	与观众几乎无眼神交流	

续 表

项目	A级 （4~5分）	B级 （3~4分）	C级 （2~3分）	D级 （0~2分）	评价 结果
流畅度	能非常流畅地表达自己的观点	能较为流畅地表达自己的观点	偶尔能流畅地表达自己的观点	几乎不能流畅地表达自己的观点	
语速	语速适中，能让观众听清楚所表述的内容	语速总体而言比较适中，能让观众较为清楚地听清楚所表述的内容	语速不太适中，观众能听懂大概内容，但无法听清楚细节	语速过快或过慢，观众无法听清楚所表述的内容	
音量	音量适中，能让观众听清楚所表述的内容	音量总体而言比较适中，能让观众较为清楚地听清楚所表述的内容	音量不太适中，观众能听懂大概内容，但无法听清楚细节	音量过大或过小，观众无法听清楚所表述的内容	

学生课后任务评价量表

评价指标	评价等级及分值				得分			
	A （45%）	B （35%）	C （25%）	D （10%）	自我评价	组员互评	教师评价	家长评价
学习时长	超额完成学习任务，并有较多的额外的自主学习时长	能够按时完成任务，有适当的额外的自主学习时长	按时完成老师布置的任务，学习时长达标	学习时长不够				
口语测试	AI智能分析正确率达100%	AI智能分析正确率达70%	AI智能分析正确率达60%	AI智能分析正确率不合格				

续 表

评价指标	评价等级及分值				得分			
	A（45%）	B（35%）	C（25%）	D（10%）	自我评价	组员互评	教师评价	家长评价
单词测试	跟读、拼写正确率为100%	跟读、拼写正确率在70%以上	跟读、拼写正确率在60%以上	跟读、拼写成绩不合格				
句型替换	人机对话正确率达100%	人机对话正确率达70%	人机对话正确率达60%	人机对话正确率不合格				
小计								
总计								

教学评价量表

项目等级	A级（10~9分）	B级（8~6分）	C级（5~3分）	D级（2~0分）	自评30%	生评10%	师评60%	小计
教师素质（15%）	发音准确，语言流畅，教态自然，灵活驾驭课堂教学	发音较为准确，语速适中，教态自然，能够驾驭课堂教学	基本能够驾驭课堂教学	语言表达能力一般，板书混乱				
教学设计（30%）	多角度利用教材，教学内容处理恰到好处，重点突出，	正确利用教材，教学内容处理合理，重点突出，有效突破	能够结合教学重、难点处理教材，能够运用信息技术	不能基于教材来创造性地使用教材，教学内容处理不够				

续 表

项目 等级	A级 (10~9分)	B级 (8~6分)	C级 (5~3分)	D级 (2~0分)	自评 30%	生评 10%	师评 60%	小 计
教学 设计 (30%)	难点突破,有方法将信息技术很好地与教学融合	难点,信息技术为教学服务		恰当,鲜有信息技术为教学服务				
教学 过程 (30%)	教学方法新颖,教学手段灵活多样,学生主体地位突出	教学方法多样,教学手段切合实际,教与学的比例合适,且以学生为主体	能够运用相应的教学方法组织活动,教与学的比例合适,教师为主导,学生为主体	教学方法不能很好地为内容服务,教师讲、学生听的"填鸭式"的英语课堂				
教学 效果 (25%)	认真、迅速地完成课堂教学任务,完成质量高	能较为认真、迅速地完成课堂教学任务,完成质量较高	能完成教学任务,但速度较慢,完成质量一般	未能完成教学任务,完成质量较差				
成绩 小计								
成绩 总计								
注	4个项目,每项占有特定的比例,共100分。最后的总分＝自评×30%+生评×10%+师评×60%							

Unit 9 Everything is made in China！读写课

【课题信息】

课程名称	英语	课题名称	Unit 9 Everything is made in China！读写课		
授课课时	共2课时	授课教材	中等职业教育课程改革国家规划新教材《英语基础模块2》（第2版）		
授课时间	2022年6月	授课对象	2020级国际商务专业学生	授课地点	智慧教室

【教学分析】

教材分析	教学内容	1.培养学生的阅读和写作的策略与技巧。 2.培养学生归纳、提取关键信息的能力。 3.根据关键词和句型完成产品介绍的写作任务
	教学标准	《中等职业学校英语课程标准》（2020年版）《中等职业学校英语教学大纲》
学情分析	优势	1.对新兴信息化工具非常感兴趣，喜欢参与相关课堂活动。 2.具备一定的英语知识技能和自主学习能力
	不足	1.独立思考探究能力存在困难。 2.对传统枯燥的英语读写课堂不感兴趣

教学 目标	知识 目标	1.学习与购物经历和产品介绍相关的词汇和常用表达： （1）重点生词：sort, notice, candle, surprising, label, screen, pile, light, doll, dinnertime, doorbell, CD, band, design, silk, expensive, supermarket, sunglasses, fashionable, function, material, environmentally, friendly, feature, brand
教学 目标	知识 目标	（2）重点词组：start to do..., be made in..., shopping center, be surprised to do..., drive back home, look around, shopping mall, department store, be made of.... （3）重点句型： What is its main functions? It is used for... What is its main features? color, weight... What is its price? It is...yuan/dollars/pounds. Why is it better than the products of other brands? raw material, discount, shipment... 2.培养学生使用不同的读写策略和技巧进行知识的学习的能力
	能力 目标	1.培养学生获取、收集、处理、运用信息的能力。 2.运用相关词汇和句型完成产品描述
	情感 目标	1.激发学生交际的愿望和自信心，促进合作精神和文化意识的发展，形成有效的阅读策略，知行合一。 2.了解网络平台商品信息的介绍方法，从中国制造获得民族自豪感，德技并修，工学结合
教学重 难点	教学 重点	掌握介绍购物经历与产品介绍的词汇及句型
	教学 难点	能够运用相关读写策略和技巧读懂商品信息并撰写产品介绍

【教学策略】

教学理念	以学生为中心	
教学模式	课前准备三部曲：线上预习，智能诊断，攻克单词； 课中实施四递进：导入热点，突出重点，化解难点，项目实训； 课后拓展三运用：学生活动，技能比拼，成果展示	
教学方法	教法	任务驱动法、支架教学法、交际教学法
	学法	小组合作法
教学流程	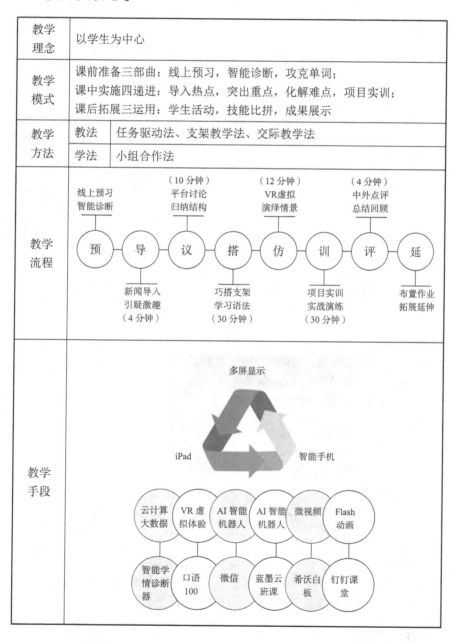	
教学手段		

【教学过程】

（一）课前准备"三步曲"

教学环节	教师活动	学生活动	设计意图
一步曲：翻转课堂启动预习	教师将课前学习资源和阿里巴巴国际站商品介绍视频上传到蓝墨云班课平台上，发布课前预习指令	学生在手机移动端登录平台完成预习任务	通过蓝墨云班课平台，帮助学生提前学习本课重点生词、词组和句型，为课堂教学打下基础，提升学生学习能力。通过微视频，激发学生的参与兴趣，帮助学生了解产品介绍主要内容
二步曲：学情诊断精准备课	教师通过平台，为学生的单词和词组朗读打分，利用蓝墨云班课的AI人工智能学情自动诊断功能，了解学生词汇测试成绩，全面了解学生预习情况。结果显示，学生发音普遍不准确的单词和词组包括：function, material, environmentally 和 friendly。学生词汇测试错得较多的题目的相关单词包括：feature, material, brand 和 fashionable	学生登录蓝墨云班课平台，在线听取自己和其他至少三位同学的发音，了解自己的不足之处，并在评论区进行评论，指出其他同学发音的优缺点。根据蓝墨云班课平台反馈的词汇测试结果，了解自己做错的原因，做好错题集	通过蓝墨云班课的AI智能诊断功能，得出存在的问题，以学定教，精准备课，丰富教学资源，提升学生语言能力
三步曲：自主学习攻克单词	教师在口语100 App针对学生预习存在的词汇匮乏问题发布单词操练任务指令	学生借助App学会读、写单词，并通过单词拼写闯关、人机对话等形式进行商品信息的问答操练，巩固提升	通过口语100 App自主学习，帮助学生从易到难攻克单词，实现个性化、差异化的学习，提升学生的语言能力和学习能力

（二）课中实施"四递进"

教学环节	教师活动	学生活动	设计意图
一递进：导入热点创设情境	播放直播带货视频，让学生归纳产品介绍的主要内容	观看视频，新旧知识衔接，再次巩固	通过微视频，导入热点，吸引学生的注意力，加深感知
	公布预习作业完成情况，指出存在的问题	思考自己存在的问题	通过蓝墨云班课平台反馈的数据，帮助学生巩固课前所学内容。培养学生的学习反思习惯，及时评价，为接下来的活动做准备，培育工匠精神，提升思维品质
	播放听力题，布置任务，开展训练	使用手机听听力，抓住关键词，完成文章大意的概括	通过智能手机，训练学生听听力的能力和技巧，为理解文章做准备，提升其语言能力
二递进：巧搭支架突出重点	巧搭支架，学习对话。 （1）巧搭情境支架 呈现与阅读短文相关的产品和与购物经历相关的图片，为学生塑造真实的购物场景	根据图片说出与产品和购物经历相关的生词、词组和句型	从情景、内容、语言、结构、情感五方面搭建支架。通过iPad，自主查找重点生词与词组，突出学习重点。
	（2）巧搭内容支架 指导学生阅读短文，找出课前预习的重点生词、词组和句型，并完成活动11。 学生使用凹脑图微信版，制作产品介绍四个方面信息的思维导图	学生通过阅读文章信息，找出重要知识点，根据老师提供的重点生词，包括：function，feature，price，advantage提炼产品介绍四个方面的信息点，制作思维导图	通过相关图片，为学生塑造仿真环境，实现沉浸式教学。 通过凹脑图，学生自主学习产品介绍主要内容，增强学生学习英语的自信心，提升学生运用英语的能力和文化品质

教学环节	教师活动	学生活动	设计意图
二递进：巧搭支架突出重点	（3）巧搭语言支架 让学生用思维导图把产品介绍中常用的生词、词组和句型串联成完整句子，以此完成课本活动13、14的活动练习	学生借助思维导图内容，将活动13所给提示词组合成产品介绍的常用句子，最后完成活动14关于"Allison's Shopping Day"这篇文章的撰写	
	（4）巧搭结构支架 通过阅读Unit Task的内容，总结出产品介绍的主要结构	在教师设定的情境下，根据结构框架，完整地完成对亚马逊产品的描述	
	（5）巧搭情感支架 让学生感受到文化自信和民族自豪感，增强民族自信心，践行文化育人	学生体验信息化读写学习过程，对产品介绍的方法有更深入的认识	
三递进：沉浸体验化解难点	组织学生参与希沃白板上与活动12表格填写相关的游戏，帮助学生掌握文章大意	学生在iPad和希沃白板上完成活动12	通过iPad和希沃白板，实现体验式教学，学生可以在游戏中加深对重要知识点的理解，化解本课难点
	教师组织学生用VR眼镜观看AirPods Pro的介绍并找出四个关键信息点	用VR眼镜轮流观看AirPods Pro产品介绍视频，小组合作总结该产品介绍的四个信息点并写出对应句子	通过VR眼镜，为学生创设仿真学习环境，帮助其更直观地观察产品，理解重点知识并完成产品信息句子的撰写，化解本课难点

续 表

教学环节	教师活动	学生活动	设计意图
四递进：项目实训工学结合	播放产品介绍flash动画，让学生找出与产品介绍相关的句型	学生根据提示找出产品介绍的相关句型，进行语言的有效输入	通过flash动画，帮助学生进一步了解产品介绍的主要句型，使其能根据所给关键词正确地说出完整的句子
	呈现亚马逊平台上一款童装泳衣的信息页面，为学生塑造真实的购物场景	阅读网页信息，根据关键词找出该产品的主要信息点	通过亚马逊平台，为学生创设仿真的项目实训环境，将所学真正运用于实践中
	组织小组产品展示，每组派一到两名同学上台介绍该款产品，提供评价标准，邀请其他小组对该小组的口头和书面表达进行评价	进行小组讨论，得出展示内容，派组员上台进行产品介绍，并在微信群中展示本组所撰写的产品介绍内容，在微信群中对其他小组的展示进行评价	通过微信Excel共享文档组织学生对其他小组的评价进行打分，提升学生的评价技能和思维品质
	连线外教进行评价	在外教的点评下，及时进行调整，提升语言应用的能力	通过钉钉课堂连线外教，实现以评促学、以评导学，学生获得了使用英语真实交流的机会和学习英语的成就感，提升其文化品格
	播放关于"共同抗疫"中国援助抗疫物资的视频，实现思政教育、民族自豪感与英语学习的无缝对接	观看视频，小组讨论热点话题，熟悉与相关抗疫物资的英文介绍	通过微视频，提高学生思辨能力和主观能动性

续 表

教学环节	教师活动	学生活动	设计意图
课堂小结	介绍与产品和购物经历相关的词汇、句型和框架，熟悉商品基本信息的介绍	回顾所学内容，进行梳理	对本节课的重点进行回顾，帮助学生掌握本课重点
作业布置	将小组完成的亚马逊网站选定产品的英文介绍，根据评价进行相应的调整，上传至教学平台上		
板书设计	Unit 9 Everything is made in China！ -Reading & Writing gift, dress, Christmas tree, computer, notebook, shoe, CD, candle-holder 1. function: What are its main functions? It is used for... 2. feature: What are its main features? color, weight... 3. price: What is its price? It is...yuan/dollars/pounds. 4. advantage: Why is it better than the products of other brands? raw material, discount & shipment...		

（三）课后拓展"三运用"

运用一：产品信息思维导图	在亚马逊平台上选择一款自己喜爱的产品，找出四个关键信息点，制作思维导图
运用二：产品海报设计	班级举办产品海报设计活动，完成该产品纸质或者电子版产品设计海报
运用三：亚马逊产品直播	以小组为单位，选择组内成员喜爱的其中一款产品，制作直播带货视频

【评价反思】

评价手段	除了教师评价以外，在我们的信息化教学平台和英语学习App上，还设有自评、互评和机评。整个教学过程实现全程评价、多元评价和智能化评价
教学目标实现	1. 针对学生"对新兴信息化工具非常感兴趣，喜欢参与相关课堂活动"这一学情优势，本课融入了云计算大数据、VR虚拟体验、AI智能机器人、多媒体课件、微视频、flash动画、智能学情诊断器、英语学习App（口语100）、微信、信息化教学平台（蓝墨云班课）、希沃白板和外教连线等信息化手段，有效实现了"能够读懂某人的购物经历及商品信息的介绍"和"培养学生使用不同的阅读策略和技巧进行知识的学习的能力"这两大知识目标和"培养学生获取、收集、处理、运用信息的能力"以及"能够运用策略和技巧读懂商品信息的介绍"这两大能力目标。 2. 为了解决学生"对传统枯燥的英语阅读课堂不感兴趣"这一学情不足的问题，本课设置了多样化的教学活动，例如视频观看、iPad听力训练、全景VR感官体验、"共同抗疫"视频观看和小组合作项目实训等，充分调动了学生的课堂参与积极性，两大情感目标得以实现
存在不足	由于受到习惯的影响，部分学生在小组讨论环节中会出现中文用语，在产品介绍撰写过程中也会出现表述不当的问题，例如：It use to swim. How much is the price? 等
改进措施	在今后的小组讨论环节之前应强调全英原则，小组之间进行互相监督，采取一定的奖励措施。针对学生因受母语影响而导致的英语表述不当问题，应在教学过程中提醒学生中英差异，指导学生用英文思维组织语言，减少用语不当现象

Unit 9 Everything is made in China! 实践课

【课题信息】

课程名称	英语	课题名称	Unit 9 Everything is made in China! 实践课		
授课课时	共2课时	授课教材	中等职业教育课程改革国家规划新教材《英语基础模块2》（第2版）		
授课时间	2022年6月	授课对象	2020级国际商务专业学生	授课地点	智慧教室

【教学分析】

教材分析	教学内容	1.掌握一般现在时被动语态的构成和用法。 2.正确使用一般现在时被动语态。 3.灵活运用一般现在时被动语态来描述商品基本信息。 4.能运用本单元所学的知识进行直播带货
	教学标准	《中等职业学校英语课程标准》《中等职业学校英语教学大纲》
学情分析	优势	1.已经具有了一定的介绍商品的知识储备，思维积极活跃，信息网络达人。 2.具备一定的英语知识基础，喜欢用英语表达自己
	不足	1.喜欢依赖老师，独立思考探究能力较弱。 2.对传统枯燥的语法课堂教学不感兴趣，羞于开口说英语，英语表达方面不流利

续　表

教学目标	知识目标	1.学习一般现在时被动语态的基本结构和用法。 （1）基本结构：　am/is/are + done （2）用法：主语与动作之间是被动的关系。 2.掌握用一般现在时被动语态介绍商品基本信息的句型。 What's it called in English? What's it used for? What's it made of? Where's it made/produced?
	能力目标	1.运用一般现在时被动语态描述商品的基本信息。 2.能够正确地描述跨境电商平台上直播带货商品的基本信息
	情感目标	1.发展学生自主学习能力和团队精神，形成有效的学习策略，知行合一。 2.了解跨境电商平台上的商品，开阔眼界，工学结合，德技修身
教学重难点	教学重点	掌握一般现在时被动语态的构成和用法，进行产品的询问与介绍
	教学难点	运用所学词汇、句型和一般现在时被动语态介绍网络平台上的商品的基本信息

【教学策略】

教学理念		以学生为中心
教学模式		课前准备三部曲：线上预习，智能诊断，攻克单词； 课中实施四递进：导入热点，突出重点，化解难点，项目实训； 课后拓展三运用：学生活动，技能比拼，成果展示
教学方法	教法	任务驱动法、支架教学法、交际教学法
	学法	小组合作法

续 表

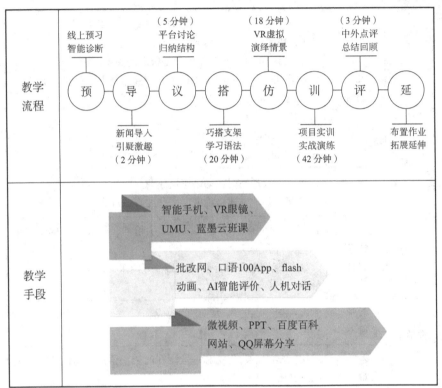

【教学过程】

（一）课前准备"三步曲"

教学环节	教师活动	学生活动	设计意图
一步曲：翻转课堂启动预习	教师将课前学习资源上传到UMU平台上，发布课前预习指令	学生在手机移动端登录UMU信息化教学平台，观看亚马逊网站上商品介绍的视频，完成预习任务	通过UMU平台，提高学生自主学习的能力，拓宽其学习时间和空间，提升其学习能力。 通过亚马逊微视频，帮助学生了解本课主题，激发学生兴趣，提升其文化品格

续　表

教学环节	教师活动	学生活动	设计意图
二步曲： 学情诊断 精准备课	（1）通过UMU平台，了解学生预习情况，然后在批改网上发布讨论问题，要求学生介绍某品牌运动服。 （2）通过批改网的AI人工智能学情诊断功能对讨论区提交的问题列表进行诊断，结果显示，学生在对该产品的材质和设计方面的表述存在单词拼写不准确的问题，例如cotton，comfortable和light以及被动语态结构不完整的问题，例如It made of cotton, It is use for running等	登录批改网，对服饰基本信息提问，完成讨论并发帖	通过UMU平台和批改网的AI智能诊断功能，得出存在问题，以学定教，精准备课，丰富教学资源
三步曲： 自主学习 攻克单词	在口语100 App针对学生预习存在的词汇匮乏问题发布单词操练任务指令	借助口语100 App学会读、写单词，并进行单词闯关游戏，巩固、提升	学生通过口语100 App自主学习，从易到难攻克单词，实现个性化、差异化的学习，提升学生语言能力和学习能力

（二）课中实施"四递进"

教学环节	教师活动	学生活动	设计意图
一递进： 导入热点 创设情境	播放当下网络热点"直播带货"新闻，让学生初步感知如何介绍商品基本信息，并提出任务	学生带着问题进行思考	通过微视频，导入热点，吸引学生注意力，进行初步感知
	根据问题，让学生讨论，开展头脑风暴	学生开展讨论，提出疑问： 想知道背包哪个方面的信息，为如何介绍商品奠定思维基础	通过iPad，组织学生自主观看视频和搜索相关信息，提升其学习能力和思维品质两大英语学科核心素养

续 表

教学环节	教师活动	学生活动	设计意图
一递进：导入热点创设情境	组织学生以小组为单位，将课前预习讨论得出的三道相关知识竞赛题发送至蓝墨云课平台上，学生进行知识竞赛比拼	四个小组随机交叉抽题，以小组为单位回答三道知识竞赛题	通过蓝墨云班课平台，巩固预习和导入阶段所学内容，为接下来的重点知识教学打下基础，提升学生语言能力和思维品质
二递进：巧搭支架突出重点（录课片段）	（1）巧搭情境支架巧设情境，利用UMU平台发布句型练习任务，配对成句	利用UMU信息化平台，在iPad上完成配对成句	从情境、内容、语言、结构、情感五方面搭建支架，通过UMU和iPad，塑造练习情境，帮助学生将所学运用于实践中，突出重点，提升其语言能力和学习能力。借助口语100 App，实现AI人机对话，增强学生的参与积极性，对重点句型进行操练，突出重点，提升其语言能力
	（2）巧搭内容支架通过讲练结合，巧搭内容支架，从词到句，进行完整介绍	在教师设定的内容支架中，根据结构框架，完整地介绍物品	
	（3）巧搭语言支架利用英语学习手机App发布句型练习任务	利用口语100 App跟读对话，然后借助AI智能机器人实现人机对话，进行角色扮演	
二递进：巧搭支架突出重点（录课片段）	（4）巧搭结构支架通过对话的学习归纳呈现结构框架	在教师设定的情境下，根据结构框架，练习用一般现在时被动语态介绍产品的常用句型	
	（5）巧搭情感支架小组讨论，学习借鉴，践行文化育人	小组讨论，让学生积极地表达观点，相互学习和借鉴	
三递进：沉浸体验化解难点	宣布游戏 "Guessing Game" 的规则。通过游戏，帮助学生深刻理解和记忆一般现在时的被动语态	学生小组互猜，一个小组描述某样物品，其他小组竞猜。通过游戏运用所学语言进行练习，巩固重点句型	通过PPT，实现体验式教学，学生可以在游戏中加深对重要知识点的理解，化解难点，提升其文化品格

续 表

教学环节	教师活动	学生活动	设计意图
三递进：沉浸体验化解难点	将VR引入课堂中，帮助学生触碰真实情境，巩固重点句型，要求学生运用所学语言进行练习	利用VR眼镜进入三维课堂学习，观看抗疫物资护目镜的制造视频，操练词句，实现沉浸式学习	通过VR眼镜，操练产品介绍的相关句型，有效输出语言，提高学生信息素养，化解本课难点，提升学生学习能力和思维品质
四递进：项目实训工学结合（录课片段）	播放亚马逊视频（跨境电商怎么玩）	观看视频，经济发展要创新模式，直播带货在疫情下蓬勃发展，应学好技能，做到足不出户也可卖遍全球	通过微视频，提高学生思辨能力和主观能动性，提升学生思维品质
	进行头脑风暴：1. 有哪些直播平台？2. 从哪些方面介绍商品？	实战演练，加强练习，更好地掌握用一般过去时被动语态描述货物发送的方法	通过百度百科网站，搜索相关内容，开阔学生眼界，提升其学习能力和思维品质
四递进：项目实训工学结合（录课片段）	创设情境：外国客人想从中国购买一批（中国制造）产品回国销售，与TBL创业小组合作，自行选材（从学校亚马逊电商平台上选择商品）。直播带货邀请外教作为客户进行即时的询问，外教对学生进行点评	小组合作，各小组写出一份产品介绍，其中应包含：产品是为什么人而设计的？它的用途是什么？小组内推选一名代表向全班作产品介绍。在亚马逊平台上销售直播，跨文化交际，感受文化差异，牛刀小试，职场体验	邀请外教到现场，通过QQ屏幕分享，创设仿真实训环境，展示本组产品信息并进行现场介绍，提升学生语言能力、思维品质和文化品格
	播放关于"共同抗疫"中国派遣医疗队援助其他国家的视频，实现思政教育、民族自豪感与英语学习的无缝对接	观看视频，小组讨论热点话题，熟悉相关抗疫物资的英文介绍	通过微视频，提高学生思辨能力和主观能动性，提升其文化品格

教学环节	教师活动	学生活动	设计意图
课堂小结	教师回顾总结：描述物品的词汇、问询物品的句型和用一般现在时被动语态对物品进行介绍	回顾所学内容，进行梳理	对本节课的重点进行回顾，帮助学生掌握本课重点
作业布置	1.复习本课所学知识； 2.将小组完成的直播带货的英文介绍根据评价进行相应的调整，上传至教学平台上； 3.在口语100 App上进行词汇练习		
板书设计	Unit 9 Everything is made in China! -Grammar & Practice am/is/are + done What's it called in English? What's it used for? What's it made of? Where's it made/produced?		

（三）课后拓展"三运用"

运用一：产品介绍思维导图	以小组为单位，使用本课所学的一般现在时被动语态句型完成产品介绍并制作思维导图
运用二：小组互评	小组之间互相评价所制作的思维导图，并提出修改建议
运用三：现场展示	每组派出一名代表展示并陈述本组思维导图，帮助全班一起巩固所学知识，将所学付诸实践

【评价反思】

评价手段	实行多维、多元、多过程评价
教学目标实现	1. 针对学生"已经具有了一定的介绍商品的知识储备，思维积极活跃，信息网络达人"这一学情优势，本课借助投屏软件，将网络直播搬到现实英语课堂中，学生表现出较大的参与热情，乐于将所学内容运用到小组直播带货环节，有效实现了"学习一般现在时被动语态的基本结构和用法"和"掌握用一般现在时被动语态介绍商品基本信息"两个知识目标。 2. 针对学生"对传统枯燥的语法课堂教学不感兴趣，羞于开口说英语，英语表达方面不流利"这一学情特点，本课借助信息化工具，设置了多样的口语训练活动，例如头脑风暴、知识竞赛、口语100 App AI人机对话训练、UMU平台句型配对练习等，并邀请外教到课堂，与学生实施面对面的英语交流，鼓励学生开口说英语，从而实现了"运用一般现在时被动语态描述商品的基本信息"和"能够正确地描述跨境电商平台上直播带货商品的基本信息"两个能力目标
存在不足	在直播带货环节，部分学生由于对自己英语水平不太自信，会出现发言较少或者参与程度较低等现象
改进措施	在今后教学中，应提前发布直播带货常用英语句型，让学生以小组为单位进行反复练习。并制订小组评分规则，确保每名学生都能参与到口语表达中，发挥自己在学习小组活动中应有的作用

Unit 10 Why was it built? 听说课

【课题信息】

课程名称	英语	课题名称	Unit 10 Why was it built? 听说课		
授课课时	共2课时	授课教材	中等职业教育课程改革国家规划新教材《英语基础模块2》（第2版）		
授课时间	2022年6月	授课对象	2020级国际商务专业学生	授课地点	智慧教室

【教学分析】

教材分析	教学内容	本课所选用的教材是中职国规教材《英语基础模块2》，Unit 10 Why was it built? 听说课，是单元核心内容，2学时。 结合岗位需求，以国际商务专业标准和人才培养方案、课程思政为依据，结合时事热点，二次开发教学内容，确定本节课的教学内容如下： 学习与建筑物相关的词汇和句型； 掌握介绍建筑物基本信息的方法； 描述"一带一路"沿线国家的著名建筑物的基本信息
	教学标准	《中等职业学校英语课程标准》《中等职业学校英语教学大纲》
学情分析	优势	1.思维积极活跃，信息网络达人。 2.具备一定的英语知识技能和自主学习能力
	不足	1.对所学知识的灵活运用有待提高，有畏难情绪。 2.对传统枯燥的英语听说课堂不感兴趣，缺乏独立探究新知的兴趣和热情

续　表

教学目标	知识目标	1.学习与建筑物介绍相关的词汇和常用表达。 （1）重点生词：guide，tourist，design，stair，pyramid，expert （2）重点词组：keep out，be designed by，be used for，be famous for，move into （3）重点句型： ① Where was it built? ② When was it built? ③ Who designed it? ④ How was it built? ⑤ Why was it built? 2.掌握用一般过去时被动语态介绍建筑物信息的方法
	能力目标	1.能够运用相关词汇、句型介绍著名建筑物的基本信息。 2.能够描述"一带一路"沿线国家建筑物的基本信息
	情感目标	1.发展学生自主学习能力和团队协作精神，形成有效的学习策略，知行合一。 2.了解著名建筑物，开阔眼界，工学结合
教学重难点	教学重点	掌握介绍著名建筑物基本信息的词汇及句型
	教学难点	运用相关词汇、句型介绍"一带一路"沿线国家著名建筑物的基本信息

【教学策略】

教学理念和教学模式		根据教学目标和学生的特点，采用"以学生为中心"的教学理念，突出学生的主体地位，立足教材，又创造性地使用教材，在混合式教学的手段下，与当下时事热点"一带一路"相结合，实施课前准备"三步曲"、课中实施"四递进"、课后拓展"两运用"的课堂教学模式，体现"做中学，学中乐，做中教，学中做"，营造集"趣、智、美"为一体的智能化学习环境，实现了技能学习与思政教育的无缝对接
教学方法	教法	任务驱动法、支架教学法、交际教学法
	学法	小组合作法

续表

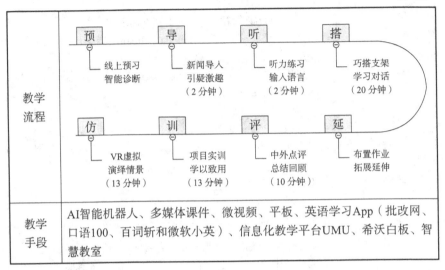

教学手段	AI智能机器人、多媒体课件、微视频、平板、英语学习App（批改网、口语100、百词斩和微软小英）、信息化教学平台UMU、希沃白板、智慧教室

【教学过程】

（一）课前准备"三步曲"

教学环节	教师活动	学生活动	设计意图
一步曲：翻转课堂启动预习	教师将课前学习资源上传到UMU平台上，发布课前预习指令	学生在手机移动端登录UMU信息化教学平台，观看"一带一路"沿线国家的建筑物视频，完成预习任务	通过UMU、微视频提升学生自主学习的能力，拓宽了学习的时间和空间
二步曲：学情诊断精准备课	教师通过平台，了解学生的预习情况，然后在批改网上发布讨论问题，要求学生对建筑物基本信息进行提问。教师通过AI人工智能学情诊断器对讨论区提交的问题列表进行诊断，诊断出建筑物介绍的关键词和学生预习存在的问题，及时调整教学内容、优化教学流程、重组教学资源，精准备课	学生登录批改网，对建筑物基本信息进行提问，完成讨论并发帖	借助批改网、英语学科AI智能学情诊断器进行学情诊断，得出存在问题，以学定教，精准备课，丰富教学资源

162

续 表

教学环节	教师活动	学生活动	设计意图
三步曲：自主学习攻克单词	教师针对学生预习存在的词汇匮乏问题发布单词操练任务指令	学生借助口语100App学会读、写单词，并通过沪江开心词场平台进行单词闯关游戏，巩固提升	学生通过口语100 App自主学习，从易到难攻克单词，实现个性化、差异化的学习，提升学生的学习能力

（二）课中实施"四递进"

教学环节	教师活动	学生活动	设计意图
一递进：导入热点创设情境	播放巴黎圣母院失火新闻，让学生初步感知如何介绍建筑物，并提出任务	学生带着问题进行思考	通过微视频导入热点，吸引学生注意力，进行初步感知
二递进：巧搭支架突出重点	（1）巧搭情境支架 以法国参加第二届"一带一路"国际合作高峰论坛为情境，引入埃菲尔铁塔的介绍	学生讨论如何介绍"一带一路"沿线国家的建筑物	借助iPad、口语100 App、AI智能机器人从情境、内容、语言、结构、情感五方面搭建支架，借助信息化手段辅助教学，学习和掌握建筑物介绍的句型和方法，强化学生学习英语的自信心，提升他们运用英语的能力，聚焦思维品质培养，突出学习重点
	（2）巧搭内容支架 播放视频，布置任务，制作思维导图模板	观看对话视频，完成课本任务，接着，提炼景点关键词，制作思维导图，最后齐读对话	
	（3）巧搭语言支架 利用英语学习手机App发布句型练习任务	学生利用口语100 App跟读对话，然后借助AI智能机器人实现人机对话，进行角色扮演	
	（4）巧搭结构支架 通过对话的学习归纳、呈现结构框架	在教师设定的情境下，根据结构框架，完整地介绍建筑物	

教学环节	教师活动	学生活动	设计意图
二递进：巧搭支架突出重点	（5）巧搭情感支架 让学生感受到文化自信，增强民族自信心，践行文化育人	学生体验信息化口语学习过程，对建筑物的介绍方法有更深入的认识	
三递进：沉浸体验化解难点	看写结合，操练词句。教师通过播放视频，帮助学生触碰真实情境，巩固重点句型，要求学生运用所学语言填写信息卡	学生观看巴黎圣母院视频，完成基本信息卡的填写，操练词句	通过iPad、PPT课件推动学生自主探究，体验学习，提升学生的学习能力和思维品质
	说演并用，情景演绎，帮助学生解决难点，营造"做中学，学中乐"的课堂氛围	学生在通过看、写、说基础操练之后，生生互动，共同讨论存在的问题，接着情景演绎	通过VR虚拟现实有效输出语言，提高学生信息素养，有效化解难点
四递进：项目实训工学结合	播放习近平总书记关于"一带一路"重要讲话视频，实现思政教育与英语学习的无缝对接	观看视频，小组讨论热点话题，熟悉"一带一路"沿线国家建筑物的英文介绍	通过微视频提高学生思辨能力和主观能动性
	设定情境，布置实训任务，指导学生对录制的视频进行AI智能分析，由系统对学生的手势、音量、语言等方面进行点评	置身VR虚拟现实，介绍建筑物，录制视频上传到平台上，通过手机对自己的综合表现进行AI智能分析、自评	借助VR虚拟现实、三维动画、微视频、AI智能学情诊断器、手机App有针对性地进行知识的巩固和运用，达成知识和能力目标，知行合一，工学结合
	指导学生展示，连线外教进行评价，评选出"最佳导游"	小组展示，并在外教的点评下，及时进行调整，提高语言应用的能力	通过QQ、UMU投票器实现以评促学、以评导学，学生获得了

续 表

教学环节	教师活动	学生活动	设计意图
四递进： 项目实训 工学结合			使用英语真实交流的机会和学习英语的成就感，提升其语言运用能力和思维品质
课堂小结	教师回顾总结： 建筑物介绍的词汇、句型和框架	回顾所学内容，进行梳理	对本节课的重点进行回顾，帮助学生掌握本课重点
作业布置	将小组完成的"一带一路"建筑物的英文介绍根据评价进行相应的调整，上传至教学平台		
板书设计	Unit 10 Why was it built? -Listening & Speaking guide, tourist, design, stair, pyramid, expert keep out, be designed by, be used for, be famous for, move into ① Where was it built? ② When was it built? ③ Who designed it? ④ How was it built? ⑤ Why was it built?		

（三）课后拓展"三运用"

运用一： 海报设计	参与建筑物海报设计活动，完成该建筑物纸质或者电子版产品设计海报
运用二： 技能节演绎	参加学校技能节"一带一路"沿线著名建筑物介绍英语口语大赛，表现突出
运用三： 参加比赛	参加××省职业院校学生专业技能大赛（英语通用职业技能竞赛），取得优异成绩

【评价反思】

评价手段	实现全程评价、多元评价和智能化评价
教学目标实现	教师通过云计算大数据、VR虚拟体验、AI智能机器人、多媒体课件、微视频、平板、智能学情诊断器、英语学习App（批改网、口语100、沪江开心词场）、QQ、信息化教学平台（UMU）、外教连线、智慧教室等信息化手段，更好地辅助教学，突破重、难点，信息化手段的应用，让整个教学过程由学生主导，让学生乐在其中。 教师针对学生认知规律，由浅至深地设置阶段性教学目标，根据教学目标分步推送学习任务，让学生达到学以致用、知行合一、工学结合。最终达成本知识点所有教学目标
存在不足	在小组讨论过程中，有一部分学生较为被动和沉默，学生的团队协作精神未能得到充分培养，从而导致这一情感目标未能有效实现
改进措施	教师在今后的课堂小组活动中通过一定机制激发组员之间的积极性，每名组员都发言的小组可以得到额外加分，进一步提升学生的团队协作精神，实现情感目标

Unit 10 Why was it built?　读写课

【课题信息】

课程 名称	英语	课题 名称	Unit 10 Why was it built?　读写课		
授课 课时	共2课时	授课 教材	中等职业教育课程改革国家规划新教材 《英语基础模块2》（第2版）		
授课 时间	2022年6月	授课 对象	2020级国际商务专 业学生	授课 地点	智慧教室

【教学分析】

教材 分析	教学 内容	本课所选用的教材是中职国规教材《英语基础模块2》，Unit 10 Why was it built?　读写课，是单元重点内容，2学时。 结合岗位需求，以国际商务专业标准和人才培养方案、课程思政为依据，结合时事热点，二次开发教学内容，确定本节课的教学内容如下： 1. 培养学生的阅读策略和技巧。 2. 培养学生获取、收集、处理、运用信息的能力。 3. 读懂"一带一路"沿线国家著名建筑物的介绍
	教学 标准	《中等职业学校英语课程标准》《中等职业学校英语教学大纲》
学情 分析	优势	1. 对新兴信息化工具非常感兴趣，喜欢参与相关课堂活动。 2. 具备一定的英语知识技能和自主学习能力

续 表

学情分析	不足	1. 独立思考、探究方面存在困难。 2. 对传统枯燥的英语读写课堂不感兴趣
教学目标	知识目标	1. 能够读懂著名建筑物的介绍。 （1）重点生词：congress, electricity, collection, include, rebuild （2）重点词组：be located in, more than, be famous for, move into （3）重点句型：It's the largest library in... It has a collection of... It's the fifth largest...all over the world. 2. 培养学生使用不同的读写策略和技巧进行知识的学习的能力
	能力目标	1. 培养学生获取、收集、处理、运用信息的能力。 2. 能够运用策略和技巧读懂"一带一路"沿线国家著名建筑物的介绍
	情感目标	1. 激发学生交际的愿望和自信心，促进合作精神和文化意识的发展，形成有效的阅读策略，知行合一。 2. 了解著名建筑物，开阔眼界，工学结合
教学重难点	教学重点	掌握介绍著名建筑物基本信息的词汇及句型
	教学难点	能够运用相关策略和技巧读懂"一带一路"沿线国家著名建筑物的介绍并描述著名建筑物

【教学策略】

教学理念和教学模式		根据教学目标和学生的特点，采用"以学生为中心"的教学理念，突出学生的主体地位，立足教材，又创造性地使用教材，在混合式教学的手段下，与当下时事热点"一带一路"相结合，实施课前准备"三步曲"、课中实施"四递进"、课后拓展"两运用"的课堂教学模式，体现"做中学，学中乐，做中教，学中做"，营造集"趣、智、美"为一体的智能化学习环境，实现了技能学习与思政教育的无缝对接
教学方法	教法	任务驱动法、支架教学法、交际教学法
	学法	小组合作法

续 表

教学流程	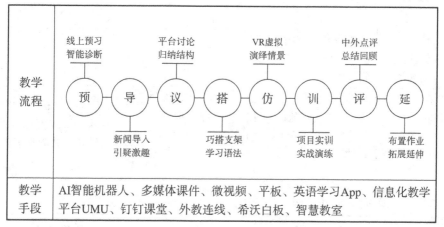
教学手段	AI智能机器人、多媒体课件、微视频、平板、英语学习App、信息化教学平台UMU、钉钉课堂、外教连线、希沃白板、智慧教室

【教学过程】

(一)课前准备"三步曲"

教学环节	教师活动	学生活动	设计意图
一步曲:翻转课堂启动预习	教师将课前学习资源上传到UMU平台上,发布课前预习指令	学生在手机移动端登录UMU信息化教学平台,观看"一带一路"沿线国家建筑物视频,完成预习任务	借助UMU、微视频提高学生自主学习的能力,拓宽了学习的时间和空间
二步曲:学情诊断精准备课	教师通过平台,了解学生预习情况,然后在批改网上发布讨论问题,要求学生对建筑物的基本信息进行提问。教师通过AI人工智能学情诊断器对讨论区提交的问题列表进行诊断,诊断出词汇匮乏、阅读速度慢、缺乏策略技巧等问题,及时调整	学生登录批改网,对建筑物的基本信息进行提问,完成讨论并发帖	通过批改网、英语学科AI智能学情诊断器进行学情诊断,得出存在问题,以学定教,精准备课,丰富教学资源

续 表

教学环节	教师活动	学生活动	设计意图
二步曲：学情诊断精准备课	教学内容、优化教学流程、重组教学资源，精准备课		
三步曲：自主学习攻克单词	教师针对学生预习存在的词汇匮乏问题，利用手机英语学习App进行单词的自主学习	学生借助口语100App学会读、写单词，进行单词闯关游戏，巩固、提升	通过口语100 App自主学习，从易到难攻克单词，实现个性化、差异化的学习

（二）课中实施"四递进"

教学环节	教师活动	学生活动	设计意图
一递进：导入热点创设情境	播放美国国会图书馆的介绍视频，让学生初步感知如何介绍建筑物，并提出任务	新旧知识衔接，再次巩固	通过微视频导入热点，吸引学生注意力，加深感知
	初步让学生感知可以从哪些不同角度了解美国国会图书馆	学生讨论如何介绍美国国会图书馆	借助平板辅助教学，学习和掌握建筑物介绍的要点，提升他们的分析和概括能力，培养其学习能力和语言运用能力
	播放听力题，布置任务，开展训练	听听力，抓住关键词，完成任务，最后齐读对话	利用平板训练学生听听力的能力和技巧，为理解文章做准备
二递进：巧搭支架突出重点	（1）巧搭情境支架以中国国家图书馆2019年"文化和自然遗产日"系列活动创设情境	基于思维导图，学生讨论中国国家图书馆的基本信息	从情境、内容、语言、结构、情感五方面搭建支架，借助平板辅助教学，学习和掌握建筑物介绍的句型和方法，突出学习重点，强化学生学习英语的自信心，提升他们运用英语的能力，培养学生的学习能力和思维品质，突出重点
	（2）巧搭内容支架播放视频，布置任务，制作思维导图模板	学生通过观看对话视频，完成课本任务，提炼景点关键词，制作思维导图	

170

续 表

教学环节	教师活动	学生活动	设计意图
二递进：巧搭支架突出重点	（3）巧搭语言支架让学生用思维导图把图书馆的进程和历史罗列出来，以此完成课本活动13、14的活动练习	学生借助思维导图概括图书馆的进程和历史	通过鱼骨图，让学生自主学习著名建筑物介绍的主要内容，强化学生学习英语的自信心，提升他们运用英语的能力，践行其核心素养的培育，突出重点
	（4）巧搭结构支架通过阅读课文，让学生归纳、呈现结构框架	在教师设定的情境下，根据结构框架，完整地介绍建筑物的发展历程	
	巧搭情感支架让学生感受到文化自信和民族自豪感，增强民族自信心，践行文化育人	学生体验信息化写作学习过程，对介绍建筑物的发展历程的方法有更深入的认识	
三递进：沉浸体验化解难点	VR虚拟现实引入课堂中，帮助学生触碰真实情境，巩固重点句型，要求学生运用所学语言进行练习	利用VR眼镜进入三维课堂学习，观看中国国家图书馆，完成关键词、句的概括，完成中国国家图书馆的写作介绍，实现沉浸式学习	借助VR虚拟现实、平板让学生用特定的框架和语言进行描述，学以致用，通过体验学习化解难点
	讲练结合，以"一带一路"沿线国家著名图书馆介绍，以小组为单位进行选择，并上传到信息化平台上进行智能批改	学生进行选取特定图书馆进行写作练习，并上传到平台上进行智能批改和诊断	通过微视频、批改网提高学生思辨能力和主观能动性，有效地化解难点
四递进：项目实训工学结合（录课片段）	播放"一带一路"微视频，介绍沿线国家图书馆	学生以小组为单位选择"一带一路"沿线国家图书馆进行观摩、学习，渗透文化差异	结合热点，通过微视频、UMU平台，以任务为导向，让学生学以致用，践行文化育人

教学环节	教师活动	学生活动	设计意图
四递进：项目实训工学结合（录课片段）	布置任务，让学生搜集资料并自主写作	小组讨论并搜集资料，自主选择图书馆，用英语进行写作	借助批改网，小组合作与自主探究相结合的学习方式，不仅能提升学生团结协作能力，取长补短，还能很好地发展学生的个性化学习
	设定情境，布置实训任务，借助批改网对学生的作文进行评分及修改	通过批改网对自己的作文进行AI智能分析和诊断	借助批改网，通过AI智能学情诊断器对学生的作文进行AI批改和评分，为学生语言知识的积累做好记录
	VR引入课堂中，帮助学生触碰真实情境，巩固重点句型	利用VR眼镜进入三维课堂学习，观看图书馆，操练词句，实现沉浸式学习	通过VR虚拟现实、平板、QQ分享屏幕推动学生自主探究，体验学习，达成知识和能力目标，提高其学习能力，提升语言技能，知行合一，工学结合
	教师回顾总结：描述图书馆的词汇、句型、框架和方法	回顾所学内容，进行梳理	对本节课的重点进行回顾，帮助学生掌握本课重点
课堂小结	播放"一带一路"微视频，介绍沿线国家图书馆	学生以小组为单位选择"一带一路"沿线国家图书馆进行观摩、学习，渗透文化差异	结合热点，通过微视频、UMU平台，以任务为导向，让学生学以致用，践行文化育人
作业布置	将小组完成的"一带一路"沿线国家图书馆的英文介绍根据评价进行相应的调整，上传至教学平台上		
板书设计	Unit 10 Why was it built? -Reading & Writing congress, electricity, collection, include, rebuild be located in, more than, be famous for, move into It's the largest library in... It has a collection of... It's the fifth largest...all over the world.		

（三）课后拓展"三运用"

运用一： 技能节演绎	参加学校技能节"一带一路"沿线国家图书馆介绍的征文比赛
运用二： 阅读能力大赛	参加市中职学校学生英语阅读能力大赛，取得优异成绩
运用三： 东盟青少年文化交流 大使选拔赛	参加东盟青少年文化交流大使选拔赛，表现突出

【评价反思】

评价 手段	实行全程、多元评、多维和智能化评价
教学 目标 实现	教师通过云计算大数据、VR虚拟体验、AI智能机器人、多媒体课件、微视频、平板、智能学情诊断器、英语学习App（批改网、口语100、沪江开心词场）、QQ、信息化教学平台（UMU）、外教连线、智慧教室等信息化手段，更好地辅助教学，突破重、难点，信息化手段的应用，让整个教学过程由学生主导，让学生乐在其中。 教师针对学生认知规律，由浅至深设置阶段性教学目标，根据教学目标分步推送学习任务。课前预习，利用翻转课堂，任务驱动，课中结合巴黎圣母院大火的新闻报道，以任务为导向，巧搭支架，达成知识目标；结合时事，借助VR，学生多感官参与，进行沉浸式学习，达成能力目标；学生通过观看视频、连线外教、搜集资料、VR远游、成果展示完成项目实训，做到学以致用、知行合一，工学结合，最终达成本知识点所有教学目标
存在 不足	学生受母语表达习惯的影响，用一般过去时的被动语态介绍著名建筑物还不够熟练，倾向于一般现在时或者主动语态
改进 措施	教师应在"四递进：项目实训"环节加入更多的实操练习，充分结合学情和专业特色，帮助学生将其所学的语言知识和技能学以致用

Unit 10 Why was it built? 实践课

【课题信息】

课程名称	英语	课题名称	Unit 10 Why was it built? 实践课		
授课课时	共2课时	授课教材	中等职业教育课程改革国家规划新教材《英语基础模块2》（第2版）		
授课时间	2022年6月	授课对象	2020级国际商务专业学生	授课地点	智慧教室

【教学分析】

教材分析	教学内容	本课所选用的教材是中职国规教材《英语基础模块2》，Unit 10 Why was it built? 语法实践课，是单元核心内容，2学时。 结合岗位需求，以国际商务专业标准和人才培养方案、课程思政为依据，结合时事热点，二次开发教学内容，确定本节课的教学内容如下： 1.掌握一般过去时被动语态的构成和用法。 2.正确使用一般过去时被动语态。 3.灵活运用一般过去时的被动语态描述"一带一路"沿线国家的建筑物。 4.能运用本单元所学的知识描述建筑物的基本信息
	教学标准	《中等职业学校英语课程标准》《中等职业学校英语教学大纲》
学情分析	优势	1.思维积极活跃，信息网络达人。 2.具备一定的英语知识技能和自主学习能力

续 表

学情分析	不足	1. 独立思考、探究方面存在困难。 2. 对传统枯燥的语法课堂教学不感兴趣
教学目标	知识目标	1. 学习一般过去时被动语态的基本结构和用法。 （1）重点生词：item, location, million，rebuild, space, tourist （2）重点词组：started in, move into, was completed, come from （3）重点句型： It was built in 1889. It was designed by... The books were keep in... All of them were burned by... A third building was completed near... 2. 掌握用一般过去时的被动语态介绍著名建筑物的方法
	能力目标	1. 运用一般过去时被动语态描述建筑物的基本信息。 2. 能够正确描述"一带一路"沿线国家建筑物的基本信息
	情感目标	1. 发展学生自主学习能力和团队精神，形成有效的学习策略，知行合一。 2. 了解著名建筑物，开阔眼界，工学结合
教学重难点	教学重点	掌握一般过去时被动语态的构成和用法，进行建筑物基本信息的询问与介绍
	教学难点	运用所学词汇、句型和一般现在时被动语态介绍"一带一路"沿线国家建筑物的基本信息

【教学策略】

教学模式		以学生为主体，立足教材，又创造性地使用教材，在混合式教学的手段下，与当下时事热点"一带一路"相结合，实施课前准备"三步曲"、课中实施"四递进"、课后拓展"两运用"的课堂教学模式，体现"做中学，学中乐，做中教，学中做"，营造集"趣、智、美"为一体的智能化学习环境，实现了技能学习与思政教育的无缝对接
教学方法	教法	任务驱动法、支架教学法、交际教学法
	学法	小组合作法

续表

教学流程	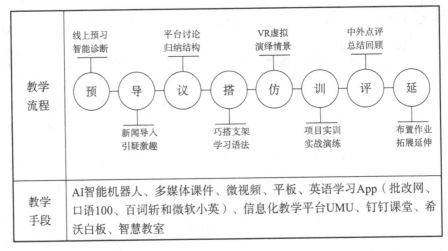
教学手段	AI智能机器人、多媒体课件、微视频、平板、英语学习App（批改网、口语100、百词斩和微软小英）、信息化教学平台UMU、钉钉课堂、希沃白板、智慧教室

【教学过程】

（一）课前准备"三步曲"

教学环节	教师活动	学生活动	设计意图
一步曲：翻转课堂启动预习	教师将课前学习资源上传到UMU平台上，发布课前预习指令	学生在手机移动端登录UMU信息化教学平台，观看百度百科中巴黎圣母院的介绍视频，完成预习任务	通过UMU、微视频提升学生自主学习的能力，拓宽了学习的时间和空间
二步曲：学情诊断精准备课	教师通过平台，了解学生预习情况，然后在批改网上发布讨论问题，要求学生介绍圣母院的变迁。教师通过AI人工智能学情诊断器对讨论区提交的问题列表进行诊断，诊断出介绍圣母院的变迁的关键词和学生预习存在的问题，及时调整教学内容、优化教学流程、重组教学资源，精准备课	学生登录批改网，对建筑物基本信息提问，完成讨论并发帖	借助批改网、英语学科AI智能学情诊断器进行学情诊断，得出存在问题，以学定教，精准备课，丰富教学资源

176

续 表

三步曲： 自主学习 攻克单词	教师针对学生预习存在的词汇匮乏问题发布单词操练任务指令	学生借助口语100App学会读、写单词，并进行单词闯关游戏，巩固、提升	学生通过英语学习手机App自主学习，从易到难攻克单词，实现个性化、差异化的学习，锻炼其学习能力

（二）课中实施"四递进"

教学环节	教师活动	学生活动	设计意图
一递进： 导入热点 创设情境	播放美国国会图书馆介绍视频，让学生初步感知如何介绍建筑物，并提出任务	学生带着问题进行思考	通过微视频导入热点，吸引学生注意力，进行初步感知
	根据问题，让学生讨论，开展头脑风暴	学生开展讨论，提出疑问：想知道中朝友谊塔哪个方面的信息，为如何介绍这个塔奠定思维的基础	通过iPad，组织学生自主观看视频和搜索相关信息，提升其学习能力和思维品质两大英语学科核心素养
二递进： 巧搭支架 突出重点 （录课片段）	（1）巧搭问题支架 问题导向，引导分析	学生在教师的引导下回答问题，发现问题，归纳新知	从情景、内容、语言、结构、情感五方面搭建支架，通过UMU和iPad，塑造练习情境，帮助学生将所学运用于实践，突出重点，提升其语言能力和学习能力。 借助口语100 App，实现AI人机对话，增强学生的参与积极性，对重点句型进行操练，突出重点，提升其语言能力
	（2）巧搭情境支架 巧设情境，利用英语学习手机App发布句型练习任务，配对成句	学生利用UMU信息化平台，在平板上完成配对成句	
	（3）巧搭内容支架 通过讲练结合，巧搭内容支架，从词到句，进行完整介绍	在教师设定的内容支架中，根据结构框架，完整地介绍建筑物的发展历程	

教学环节	教师活动	学生活动	设计意图
二递进：巧搭支架突出重点（录课片段）	（4）巧搭情感支架小组讨论，学习借鉴，践行文化育人	小组讨论，让学生积极地表达观点，相互学习和借鉴	
三递进：沉浸体验化解难点	播放习近平总书记关于"一带一路"重要讲话视频，实现思政教育与英语学习的无缝对接	观看视频，引入"一带一路"，为小组选景预热	
	VR引入课堂，帮助学生触碰真实情境，巩固重点句型，要求学生运用所学语言进行练习	利用VR眼镜进入三维课堂学习，观看故宫，操练词句，实现沉浸式学习	借助VR虚拟现实、平板让学生用特定的框架和语言进行描述，学以致用，通过体验学习过程化解难点
	教师发布任务，让学生通过"幸运轮"选取"一带一路"沿途景点，以小组为单位搜集相关资料，通过AI人机对话进行学习操练	实战演练，加强练习，更好地掌握用一般过去时被动语态描述建筑物的发展史的方法	
	创设情境：疫情防控期间国内外旅游局开设在线旅游五分钟。接着教师作为导游进入课堂旅行团，借助平台制作information gap handout给学生	学生在云游故宫之后，完成handout上的关键信息填写	通过微视频、批改网提高学生思辨能力和主观能动性，提高其语言技能
四递进：项目实训工学结合	与外国友人现场连线，外教对学生进行点评	跨文化交际，感受文化差异	结合热点，通过微视频、UMU平台，以任务为导向，让学生学以致用，践行文化育人

续 表

教学环节	教师活动	学生活动	设计意图
四递进: 项目实训 工学结合	VR引入课堂中,帮助学生触碰真实情境,巩固重点句型	利用VR眼镜进入三维课堂学习,观看图书馆,操练词句,实现沉浸式学习	通过VR虚拟现实、平板、QQ分享屏幕推动学生自主探究,体验学习,达成知识和能力目标,知行合一,工学结合
课堂小结	教师回顾总结: 描述图书馆的词汇、句型、框架和方法	回顾所学内容,进行梳理	对本节课的重点进行回顾,帮助学生掌握本课重点
作业布置	将小组完成的"一带一路"沿线国家图书馆的英文介绍根据评价进行相应的调整,上传至教学平台上		
板书设计	Unit 10 Why was it built? –Grammar & Practice item, location, million, rebuild, space, tourist started in, move into, was completed, come from It was built in 1889. 　It was designed by... 　The books were keep in... 　All of them were burned by... 　A third building was completed near... 一般过去时的被动语态: was/were+动词的过去分词		

(三)课后拓展"三运用"

运用一: 技能节演绎	参加学校技能节英语语法大赛并取得优异成绩
运用二: 读写大赛突破	参与市英文读写展示活动表现突出
运用三: 口语大赛突破	参加省职业院校学生专业技能大赛(英语通用职业技能竞赛)并取得优异成绩

【评价反思】

评价手段	实行全程、多维、多元评价和智能化评价
教学目标实现	教师通过云计算大数据、VR虚拟体验、AI智能机器人、多媒体课件、微视频、平板、智能学情诊断器、英语学习APP（批改网、口语100、沪江开心词场）、QQ、信息化教学平台（UMU）、外教连线、智慧教室等信息化手段，更好地辅助教学，突破重、难点，信息化手段的应用，让整个教学过程由学生主导，让学生乐在其中。 教师针对学生认知规律，由浅至深设置阶段性教学目标，根据教学目标分步推送学习任务，让学生达到学以致用、知行合一、工学结合，最终达成本知识点所有教学目标
存在不足	在一般过去时被动语态新知的呈现过程中，有的学生存在畏惧心理怕读错，有的学生依赖性太强靠老师范读，有的学生不注意节奏盲目跟读，齐读质量不高
改进措施	教师在今后的教学中一定要更加重视齐读质量，这是知识点学习最基础、最重要的方法，也是最有效的方法。一方面要重视学生的齐读训练，另一方面要重视教师的方法指导

中职英语教学实施报告

　　"中国制造2025"和"一带一路"是我国的国家战略，是实现"两个一百年"奋斗目标和中华民族伟大复兴中国梦的历史需要。大力发展职业教育，能为实现奋斗目标和中国梦提供坚实的人才保障。加快发展现代职业教育，树立正确的人才观，践行社会主义核心价值观，着力提高人才培养质量，弘扬劳动光荣、技能宝贵、创造伟大的时代风尚，营造人人皆可成才、人人尽展其才的良好环境，努力培养数以亿计的高素质劳动者和技术、技能人才。

　　近年来，为服务区域经济发展、培养满足社会需求的国际商务专业人才，我校不断探索"职业素养与专业技能高度融合"的国际商务人才培养之路。本次 12 学时教学的主要内容是"中国制造"和"一带一路"，教学设计以习近平总书记关于劳动精神、工匠精神的一系列讲话为指导，优化教材，融入企业真实项目，将企业任务与教学任务、工作过程与学习过程和学习评价紧密结合在一起，注重铸魂育人，塑造劳动光荣、精益求精的工匠精神，培养国际商务专业人才。

一、整体教学设计

（一）教学内容

英语是中职学校每个专业的必修课，《英语基础模块2》是中职国规教材，本课程培养学生英语听、说、读、写的综合运用能力，共有12个单元，分为两大板块，共计80学时。该教材要求学生能综合运用所学的知识掌握英语在现实生活和职场中的应用，为后续专业课学习打下基础。教学内容来自Unit 9 和Unit 10 ，两单元共计12学时。

国际商务专业课程体系

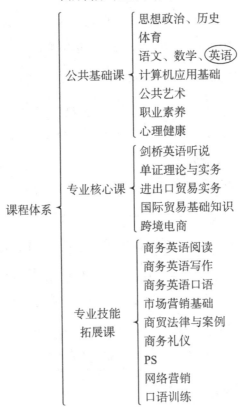

国规教材

《英语基础模块2》80学时教学内容

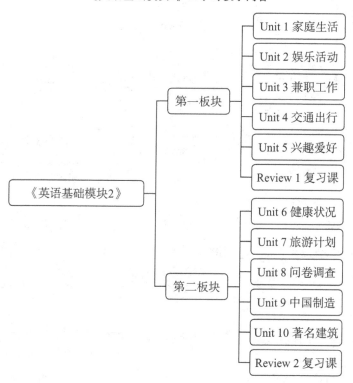

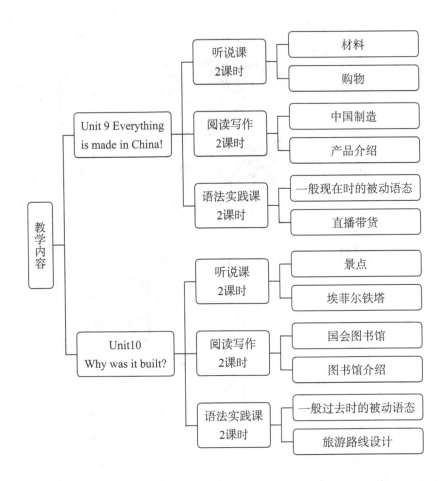

结合岗位需求，以国际商务专业标准、人才培养方案和课程思政为依据，优化教材，从而达到培养学生英语听、说、读、写技能和爱国情怀，启发其跨文化思维，提升其民族素养的目的。

（二）学情分析

如下图所示，根据课前四项调查，总结出授课对象主要学情特征：

授课对象	中职国际商务专业二年级学生
专业需求	根据本区域跨境电商人才需求调研，发现跨境电商平台人才缺口较大，同时结合我校国际商务专业人才培养方案要求，能在亚马逊等平台上进行跨文化交流、景点介绍与导览是该专业学生需要掌握的专业核心技能，本模块学习具有职场导向意义
知识基础	学生具备一定的英语跨文化交流词汇和句型储备
能力水平	学生能进行比较基本的英语交流
职业素养	学生对跨境电商有一定了解，并通过我校亚马逊实训项目掌握一定的职业素养，团队合作精神较强

因此，我们期望通过本次教学，帮助学生掌握一定的跨境电商技能，通过学习英语向世界推广中国产品，传播中国文化。

（三）目标分析

依据教学内容，结合岗位职业能力要求和学情，确定了以下两个单元的三维教学目标，培养学生的学科核心素养、工匠精神、劳动精神和民族自豪感。

单元	知识目标	能力目标	情感目标
Unit 9	1.掌握产品介绍词汇、句型和常用表达方式； 2.理解和询问产品相关信息，运用一般现在时被动语态做介绍	1.听懂产品英文描述； 2. 进行产品介绍简单对话； 3.读懂网络直播和亚马逊产品信息； 4.通过阅读获取文章大意； 5.正确使用一般现在时被动语态来描述产品	1.增强"中国制造"的民族自豪感； 2.提升团队合作意识和荣誉感
Unit 10	1.掌握建筑物词汇、句型和常用表达方式； 2.理解建筑物信息，运用一般过去时被动语态做介绍	1.听懂建筑物简单信息； 2.进行建筑物相关对话； 3.读懂建筑物简单介绍； 4.通过阅读获取文章大意； 5.正确使用一般过去时被动语态简述建筑物	1.增强民族文化认同感； 2.升华爱国情感

（四）重、难点分析

根据人培方案、课程标准、学情分析、教学目标、素质教育与思政渗透要求，确立以下教学重点。基于学情分析与实际授课情况，确立以下教学难点。

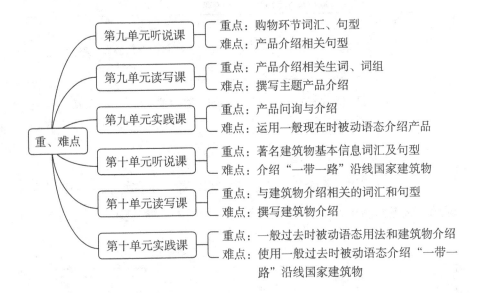

重、难点

第九单元听说课	重点：购物环节词汇、句型 难点：产品介绍相关句型
第九单元读写课	重点：产品介绍相关生词、词组 难点：撰写主题产品介绍
第九单元实践课	重点：产品问询与介绍 难点：运用一般现在时被动语态介绍产品
第十单元听说课	重点：著名建筑物基本信息词汇及句型 难点：介绍"一带一路"沿线国家建筑物
第十单元读写课	重点：与建筑物介绍相关的词汇和句型 难点：撰写建筑物介绍
第十单元实践课	重点：一般过去时被动语态用法和建筑物介绍 难点：使用一般过去时被动语态介绍"一带一路"沿线国家建筑物

（五）理念和策略

1. 教学理念

采用"以学生为中心"的教学理念，立足和优化教材。在混合式教学的手段下，与当下网络热点"直播带货"和时事热点"一带一路"相结合。

2. 教学策略

以支架教学理论为指导，体现"做中学，学中乐，做中教，学中做"，营造集"趣、智、美"为一体的智能化学习环境，实现了技能学习与思政渗透的无缝对接。

教法主要是情境教学法、任务驱动法和交际教学法；学法主要是小组合作法和自主探究法。利用智慧教室开展线下教学，采用线上、线下相结合的混合式教学法组织教学，做到线上有资源，线下有活动。

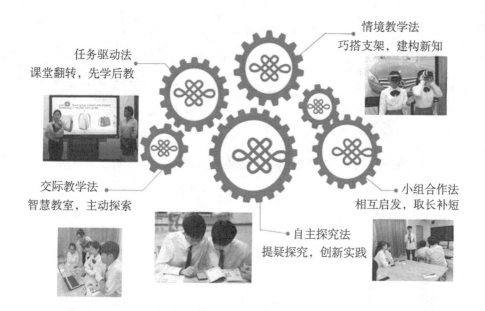

情境教学法
巧搭支架，建构新知

任务驱动法
课堂翻转，先学后教

交际教学法
智慧教室，主动探索

小组合作法
相互启发，取长补短

自主探究法
提疑探究，创新实践

教学资源主要分为硬件资源和软件资源，教师借助两类资源发布任务、组织教学并获得反馈信息，实施线上、线下混合式教学，有效提升教学效率。

硬件资源	软件资源
智慧教室、一体机、投屏设备、智能手机、iPad、手提电脑、VR眼镜	蓝墨云班课、UMU、二维码、批改网、口语100、微软小英、希沃白板、VR视频、直播软件、傲软投屏、钉钉课堂、凹脑图、歌曲改编、全景客、沪江开心词场

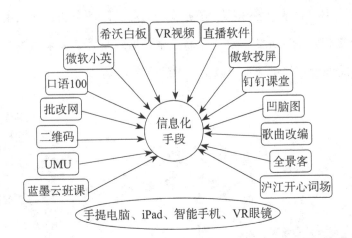

学习资源主要包括课程标准、课程资源库、视频资料、图片、教材教辅、教学课件。

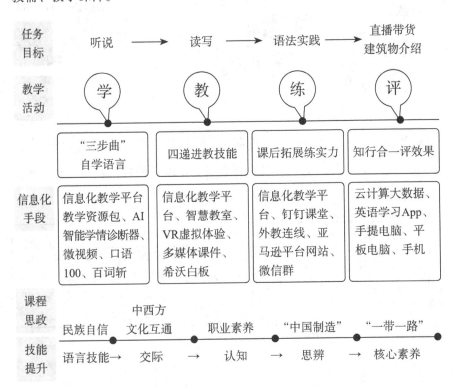

基于以上分析，最终确立包括任务目标、教学活动、信息化手段、课程思政以及技能提升五部分和"学""教""练""评"四步在内的整体教学设计。

二、教学实施过程

（一）课堂模式

依据中职英语教学大纲、国际商务专业人才培养方案以及新时代对技术、技能人才培养的新要求和教学理念，在混合式教学的手段下，颠覆了传统课堂"你听我说"的被动学习方式，培养了学生自主学习能力。

以双平台为依托进行教学设计，包括课前准备"三步曲"、课堂实施"四递进"、课后拓展"三运用"。

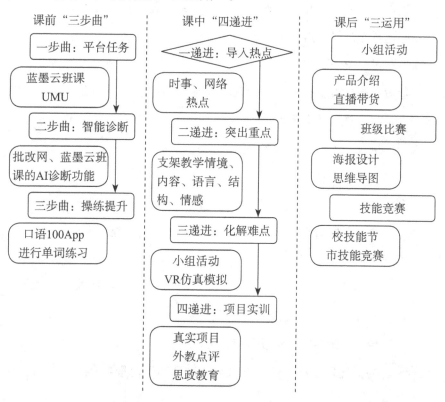

1. 课前准备"三步曲"，解决词汇学习以及预习的问题

一步曲：启动复习或预习，翻转课堂。

借助UMU和蓝墨云班课平台完成复习和课前预习任务。

二步曲：学情诊断，精准备课。

利用平台自动批改功能和AI智能学情诊断器诊断学生预习任务的完成情况。

三步曲：自主学习，攻克单词。

利用手机英语学习App进行单词的自主学习。

2. 课中实施"四递进"，突出教学重点，化解教学难点

一递进：导入热点。

借助直播带货、flash动画和微视频等信息化手段，导入本课主题，检测课前预习效果，寓教于乐。

二递进：突出重点。

通过平板或者手提电脑、UMU和蓝墨云班课平台、口语100App、凹脑图微信版、微软小英和AI智能机器人等资源，布置相关任务，完成重点知识的讲解和练习，突出本课重点。

三递进：化解难点。

利用微信群、VR技术、亚马逊平台网站和希沃白板等资料，呈现当下热点话题，创造仿真学习情境，使学生身临其境，化解本课难点。

四递进：项目实训。

引入相关热点，例如直播带货、跨境电商等，邀请外商现场参与，设置项目实训任务，巩固本课所学内容。

3. 课后"三运用"，学以致用，工学结合

一运用：设置小组任务，例如英语产品和旅游景点介绍、亚马逊直播展示等，拓展课堂内容。

二运用：以班级竞赛或者学校技能节为契机，举办中国和世界著名建筑物线上导游大比拼活动等。

三运用：举办省市技能竞赛模拟活动，并参加实操，进一步拓展所学内容。

（二）解决重、难点

为了更好地突出教学重点，在教学过程中，依托支架理论，从情景、内容、语言、结构和情感五个方面巧搭支架帮助学生操练重点生词和句型。

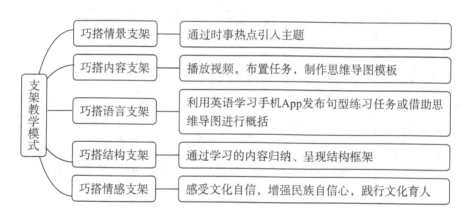

为了更好地化解教学难点，设置多样化的实训任务，帮助学生将所学运用于实践，有效解决难点知识。为了更好地提升重、难点部分的教学效率，通过云计算大数据、VR虚拟体验、AI智能机器人、多媒体课件、微视频、平板、英语学习App（批改网、口语100、百词斩和微软小英）、微信、信息化教学平台（UMU和蓝墨云班课）、钉钉课堂、外教连线、希沃白板、智慧教室等信息化手段，更好地辅助教学，突出教学重点，化解教学难点，应用信息化手段，让整个教学过程由学生主导，让学生乐在其中。

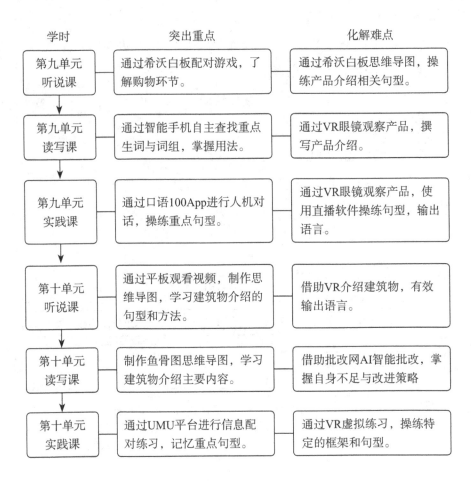

学时	突出重点	化解难点
第九单元 听说课	通过希沃白板配对游戏，了解购物环节。	通过希沃白板思维导图，操练产品介绍相关句型。
第九单元 读写课	通过智能手机自主查找重点生词与词组，掌握用法。	通过VR眼镜观察产品，撰写产品介绍。
第九单元 实践课	通过口语100App进行人机对话，操练重点句型。	通过VR眼镜观察产品，使用直播软件操练句型，输出语言。
第十单元 听说课	通过平板观看视频，制作思维导图，学习建筑物介绍的句型和方法。	借助VR介绍建筑物，有效输出语言。
第十单元 读写课	制作鱼骨图思维导图，学习建筑物介绍主要内容。	借助批改网AI智能批改，掌握自身不足与改进策略
第十单元 实践课	通过UMU平台进行信息配对练习，记忆重点句型。	通过VR虚拟练习，操练特定的框架和句型。

（三）教学评价

整个教学过程针对学生的课前预习、课内表现及测试、课外拓展均设计了评价体系，以课前、课内、课外三维度为一层指标，其中课前权重占15%，课中占70%，课后占15%；构建二层指标，根据二层指标依次收集学生在学习各环节中的得分，乘以相应权重汇集至一层指标，再由一层指标汇集得到学生总体的评价分数，为学生提供综合、合理和公正的全面性评价。

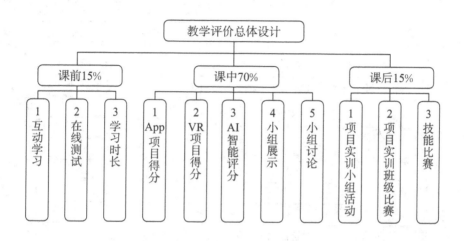

分数比重	教师考核	学生评价	外教评价	要求与评价标准
课前 15%	1.互动学习5% 2.在线测试5% 3.学习时长5%	无	无	1.课前资源学习完整 2.线上测试平台打分 3.学习时长合理
课中 70%	1.App项目得分5% 2.VR项目得分5% 3.AI智能评分5% 4.小组展示20% 5.小组讨论、分享5%	组内互评、 组间互评 10%	展示评价 20%	1.讨论积极发言，积极参与思考 2.线上测试平台打分计入总成绩 3.展示效果好，从完成度、表现度进行打分
课后 15%	1.项目实训：小组活动 2.项目实训：班级比赛 （1、2点共7%）	3%	无	1.小组活动和班级比赛积极参与，表现突出 2.技能比赛获奖 3.技能比赛占5%

多维度评价

班级：20国商1班　学号：20200101　姓名：李鸿业

评价项目	序号	能力要求	满分	学生自评	组内互评	教师评分
学习状态	1	课前预习	10			
	2	课中表现	20			
	3	课后拓展	10			
基础知识	1	词汇学习	15			
	2	句型学习	15			
	3	听说训练	20			
小组活动	1	参与程度	10			
综合评分						

班级：20国商1班　学号：20200102　姓名：张晓梅

评价项目	序号	能力要求	满分	学生自评	组内互评	教师评分
学习状态	1	课前预习	10			
	2	课中表现	20			
	3	课后拓展	10			
基础知识	1	词汇学习	15			
	2	句型学习	15			
	3	听说训练	20			
小组活动	1	参与程度	10			
综合评分						

除了教师和外教评价以外，在信息化教学平台和英语学习App中，还设有自评、互评和机评。整个教学过程实行全程评价、多元评价和智能化评价。通过全过程评价，促进教与学的有效性，确保教学评价的合理、公正和公平。

（四）思政渗透

以"直播带货"和"旅游景点介绍"为任务驱动，将信息化技术与教学策略的有机融合贯穿始终。依据教学分析，以学习者为中心，结合职业岗位工作过程，从课前自主探索、课中强化技能、课后拓展应用三方面进行系统设计，采用线上、线下混合式教学组织形式。利用时事热点新闻、视频等设置情境，让"中国制造"和"一带一路"的主题贯穿全程，思想教育渗透其中。将职业文化的熏陶、工匠精神和劳动精神的培养与"学、教、练、评"进行有效融合。

三、教学实施成效

（一）有效实现教学目标，提升学生英语应用水平

学生掌握了与产品介绍、建筑物介绍的相关词汇与句型；进行了口语的训练，能说能听，与这两个单元相关的听、说、读、写能力得到了提升。

1. 学生对本单元学习进行自查，效果良好

2. 词汇前、后测成绩对比分析，后测成绩较前测成绩有所提高

通过"百词斩"前、后测的成绩对比分析，结果显示学生英语词汇量有所提高。

3. 口语前、后测成绩对比分析，学生口语能力有所提高

通过"口语100 App"测试结果显示课后口语能力较课前有所提高。

4. 教师运用多种信息化手段，课堂更高效

根据学生反馈的教学效果利用SPSS数据分析软件，得到$P=0.046$，说明差异性显著，所运用的信息化手段能有效地促进教学。

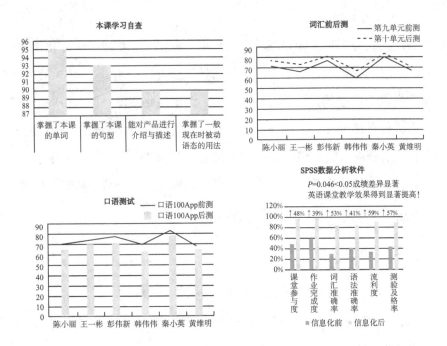

（二）紧跟岗位需求，提升学科核心素养，培养学习兴趣

根据数据分析可见，学生提高了语言的理解和运用能力，学科核心素养得到了提升，建立了文化自信，初步具有中国情怀和跨文化沟通能力，有效调动了学生学习积极性、参与性，在真实项目实训中获得优异成绩。根据我校跨境电商亚马逊平台销售数据可知，销售额明显提高，学生跨文化交际能力得以增强，语言能力、思维品质和文化品格三个核心素养得以提升。

（三）相关课题、论文和竞赛成果突出，教师素养得以提升

本教学组成员在相关课题、论文和技能竞赛中表现突出，其中三项以思维导图、AI人工智能和智慧课堂为主题的市级课题得以立项，其中思维导图课题顺利结题并获市创新成果奖、四篇论文获省一等奖、五篇

论文获市一等奖、三篇论文在期刊上得以发表，课题组成员相关课题公开课三次被评为优秀，教师素养得以提升。

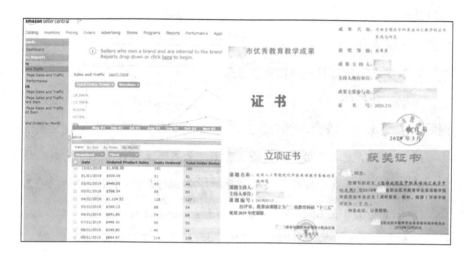

四、教学反思改进

（一）特色创新

1. 教学模式提升了教学效率，借鉴、推广价值较高

创建的课前准备"三步曲"、课堂实施"四递进"、课后拓展"三运用"的教学模式，将支架教学理论灵活地应用于教学中，突出重点，突破难点，促进了有效教学。并在教学模式中实现信息化教学手段常态化，实现全过程数据采集。实现智能批改，根据平台和智能诊断工具的反馈内容，对教学内容进行调整，使其更符合学生需求，切实达到提升学生学习效果的目的。学生在使用口语App和其他英语口语学习工具的过程中，英语学习的主动性和积极性得以进一步提升。广泛使用VR技术和亚马逊平台，打造仿真模拟学习环境，使学生实现沉浸式学习，达到身临其境的效果，拓展英语学习情境的广度和深度。教学组成员通过教育部高等学校英语专业教学指导分委员会（简称英指委）年会分享、优秀课例分享、市级课题开题报告会议以及市级公开课等形式，向本校其他科研组和市兄弟学校英语教师推广本教学模式，提高了本次教学活动的推广、借鉴价值。

2. 教学内容结合专业岗位需求，融入劳动教育，培养工匠精神

本次所选择的"中国制造"和"一带一路"教学内容能有效地结合国际商务专业岗位需求，提升学生的跨境电商操作技能和跨文化交流能力，使其能学以致用。此外，我们还将劳动教育融入实操教学中，开展现场直播卖货、旅游景点介绍等活动，指导学生通过自己的劳动创造价值，让学生明白"劳动最光荣"这一道理，培养学生的工匠精神。

3. 教学应变措施有效解决疫情防控期间线上、线下教学难题

疫情线上教学期间，我们借助钉钉课堂，通过网课堂进行直播教学，并布置线上作业，及时进行批改和提供反馈，提升特殊时期教学应变效率，确保学生学习效果。

（二）教学反思

（1）中职学生基础薄弱，词汇量很有限，交流面还很窄，无法完整地实现教学目标。

（2）在利用信息化手段进行教学时，有些学生使用这些工具做其他无关事情，影响学习效果。

（三）改进措施

（1）一体化设计，拓宽学习时空和空间，提高学生的课堂参与度以及教师对教学过程的把控度。运用信息化技术有效整合学生课前、课中、课后的时间，通过线上、线下实现碎片化学习。在借助网络、手机和手提电脑的同时，需要确保学生学习的专注力，避免出现影响学习效果的情况。

（2）针对学生词汇缺乏的状况，运用信息化技术实现有效的因材施教，及时获取学生学习情况和效果，有针对性地随时调整学习内容与思路，整合资源，及时构思策略，突出重点、化解难点。

（3）综合活动可以拓展得更多样化。将真实项目融入英语教学中，进行劳动教育，提高创业的热情，真正实现工学结合。

下 篇
英语情境教材
创编与教学实践

陶行知先生认为"生活即教育、社会即学校、教学做合一"。教育源于生活，学生的认知也源于生活，要把所学的知识应用到生活中去。情境英语能打破枯燥、乏味的课堂，把脱离现实的学生拉回到现实生活中来，使英语学习"从生活中来，到生活中去"，帮助学生从单一的英语知识学习转变为将英语应用到现实生活中去。在新课程标准下，依托乡土文化资源开发英语乡土教材，是典型的情境英语教材创编，立足情境，活用于现实，着眼于未来。

课程思政视域下英语乡土教材的开发

国家《基础教育课程改革纲要（试行）》（教育部，2001）指出，"为保障和促进课程对不同地区、学校、学生的适应性，实行国家、地方、学校三级课程管理。实行国家基本要求指导下的教材多样化政策，鼓励有关机构、出版部门等依据国家课程标准组织编写中小学教材。"这表明国家将下放课程开发的权利，地方拥有自主权，可结合当地社会、经济情况，根据学生的兴趣和需求，开发乡土教材或课程。

习近平总书记在学校思政课教师座谈会上指出，思想政治理论课是落实立德树人根本任务的关键课程。挖掘其他课程和教学方式中蕴含的思想政治教育资源，实现全员全程全方位育人。教育部大力提倡要实现思政课程到课程思政的转变，切实增强思想政治教育的实效性，在课程教学中嵌入思政教育，要打破传统的教学模式，厚植家国情怀。

很多学生经过多年的英语学习后，在跨文化交际中，不能用英语流利地与外国人表述中国的文化信息和介绍自己的家乡，也不能有效地表达自己基于中国文化价值的观点和意见，出现"文化失语症"的现象，究其原因，是缺乏这方面的教材和教学。

我们结合英语学科核心素养和思政教育的要求，开发具有东莞本土特色的英语乡土教材*Travelling through Dongguan*，介绍东莞当地的经济、自然环境、社会风情、历史文化等内容，提高了学生用英语就东莞的相关话题与外国友人交流的能力，并对这本乡土教材进行了教学实践，取得一定效果。

一、乡土教材的开发模式

"情境模式"（Situational Model）、"过程模式"（Process Model）和"目标模式"（Objective Model）等都是教育界课程开发的常见模式。"现代课程理论之父"拉尔夫·泰勒的"目标模式"包括四个阶段，即"目标""内容""组织"和"评价"，堪称课程开发与设计的经典模式，以课程目标为课程设计的基础和核心，围绕目标及其实现、评价而进行课程设计的模式，它有具体的行为目标便于操作和评价，条理非常清晰。教材是课程的物化构成部分，是联系课程设计和课程实施的重要环节，因此我们在开发英语乡土教材时借鉴了这种模式，制订了"研制目标—内容设计—组织实施—评价结果"的开发流程。

（一）乡土教材课程目标的研制

《中等职业学校英语课程标准》和《中职英语教学大纲》为开发乡土教材提供了现实的可行性依据。基于英语学科核心素养的培养是编写这本具有乡土特色的拓展性英语教材的根基所在。东莞英语乡土教材是以东莞当地的历史文化、经济发展等资源为基础，为满足人才培养的需求，顺应历史发展的潮流和学生个人成长的需求而开发与实施的教材。我们要使学生在熟知的乡土文化教材的学习过程中提高自己的英语学科素养、综合实践能力、审美评价能力和分析探究能力，让具有浓烈的地域特色的乡土文化成为促进学生整体素养提高的有效资源，从而培养学生喜欢英语、热爱家乡的情感。

1. 在英语全球化和本土化的双重冲击下，乡土教材立足于东莞本土，同时兼具全球视野

（1）综合难度。既为了全方位、全面地学习该主题内容，同时又让不同程度的英语学习者都有所收获。

（2）突出实用性和工具性。

（3）突出跨文化元素。在介绍东莞本土文化的同时，还提供一定的空间让学生进行横向比较和思考。

（4）突出技术化。整套教材将"听""说""看""读""写"多种技能训练结合起来，以符合当代英语学习者的学习习惯和审美要求。

（5）迎合青年化。该教材主要面对中学英语学习者，在版面设计和内容等方面应充分考虑该目标人群的特点，图文并茂，提供部分句型模板与参考词汇等，以适合学习者的需求。

2. 为增强学生跨文化交际能力，制订了以下三维目标

（1）知识与能力的目标。

使学生多角度、全方位地了解与东莞有关的乡土文化资源，能够把对地方历史文化的继承、发展与国家整体的发展联系在一起，引领学生用历史的、客观的、发展的观点去解读东莞乡土文化，提高学生自身的文化品德修养和提升审美理念、情趣。

（2）过程与方法的目标。

以虚拟的地理、文化之旅，培养学生的探究精神及合作能力。引领学生利用各种教材资料、网络、图书馆、展览馆等资源获取信息，用学到的知识与技能解决现实生活中遇到的相关问题。

（3）情感、态度与价值观的目标。

以东莞的历史文化发展、名胜古迹、民风民俗、民间艺术等为资源，开发出具有地域性、现实性、实践性的英语乡土教材，深化学生对乡土文化的情感，提高其文化品位和审美情趣，提升英语学科素养。

最终形成了以下的可具体考核的教学目标：

序号	单元名称	内容	知识目标	能力目标
Unit 1	Welcome to Dongguan	介绍东莞整体情况：历史、地理、经济、人口	掌握介绍东莞的相关词汇和句型	能用英语介绍东莞的名字来源、历史渊源、地理方位、城市发展情况
Unit 2	History and Culture	介绍虎门销烟的历史和东莞著名的非物质文化遗产	掌握历史文化方面的词汇及句型	能就东莞的历史和文化特色进行介绍、沟通与交流
Unit 3	Districts and Administration	介绍东莞的区域划分、行政管理、河流和人口情况	掌握行政管理方面的词汇及句型。能够介绍市政广场的有关建筑物	能够用英语表达东莞的行政区域、行政地理的划分，对片区、镇区进行介绍
Unit 4	Economy in Dongguan	介绍东莞的经济成就、知名品牌和经济活动	掌握经济方面的词汇及句型	能就东莞的经济现状和经济特色介绍、沟通与交流
Unit 5	Transport System in Dongguan	介绍东莞的出行方式和交通系统	掌握交通方面的词汇及句型	能就东莞的交通情况、交通工具进行介绍、沟通与交流
Unit 6	Education in Dongguan	介绍东莞的教育历史和当今的成就	掌握与教育相关的词汇及句型	能就东莞的教育现状、学校类型等进行介绍、沟通与交流
Unit 7	Daily Life of the People in Dongguan	介绍东莞人日常生活的主要活动，包括工作日的情况和周末的度过方式	掌握娱乐方面的词汇及句型	能就东莞的娱乐方式进行介绍、沟通与交流

序号	单元名称	内容	知识目标	能力目标
Unit 8	Sports in Dongguan	介绍东莞的特色运动项目和著名运动员，认识城市运动的发展	掌握体育运动方面的词汇及句型	能就东莞的体育特色进行介绍、沟通与交流
Unit 9	Eatings in Dongguan	介绍东莞部分镇街的特色传统美食	掌握与日常生活相关的词汇及句型	能就东莞人的日常生活方式进行介绍、沟通与交流
Unit 10	Entertainments in Dongguan	介绍东莞的消遣时间的娱乐活动和表达个人兴趣爱好	掌握娱乐方面的词汇及句型	能就东莞的娱乐方式介绍、沟通与交流
Unit 11	Shopping in Dongguan	介绍东莞购物场所、购物方式和商业的发展进程	掌握购物及购物场所方面的词汇及句型	能就东莞的购物场所进行介绍、沟通与交流
Unit 12	Scenic Spots in Dongguan	介绍东莞著名的旅游景点及其特色	掌握与旅游景点相关的词汇及句型	能就东莞的著名旅游景点进行介绍、沟通与交流
Unit 13	Festivals in Dongguan	介绍东莞的重要节日和庆祝方式	掌握节日方面的词汇及句型	能就东莞的传统节日及其特点进行介绍、沟通与交流
Unit 14	Animals and Plants	介绍东莞常见的动植物、著名的动物园和植物园	掌握动植物方面的词汇及句型	能就东莞的动植物类型及动物园、植物园的情况进行介绍、沟通与交流
Unit 15	Weather in Dongguan	介绍东莞的天气特征	掌握与天气相关的词汇及句型	能就东莞一年四季的天气特色进行介绍、沟通与交流
Unit 16	Dongguan, a Changing City	介绍东莞的地位、经济发展、交通设施、生态环境、智能社区，展望明日东莞的发展	掌握城市变化方面的词汇及句型	能就东莞改革开放这么多年来取得的成就和巨变进行介绍、沟通与交流

（二）英语乡土教材内容的设计

1. 遵循英语教材开发原则

遵循思想性、科学性、系统性、交际性、丰富性与趣味性相结合的原则，英语乡土教材要培养学生使用交际工具的能力，改知识传授为学生主动参与，具有综合实践性；创设贴近学生生活经验的情境，提高学习积极性；突出实用性，切合学生掌握知识和能力发展的顺序，科学地选择语言材料；结合知识教学进行思想品德教育，使学生对本土文化有认可感和自豪感，树立正确的人生观。

2. 精挑细选教学素材

我们搜索、研读了大量相关资料，整理、罗列了要覆盖的知识点，如国家级、省级、市级的非物质文化遗产，文物八景，国家级AAAA旅游景区，民间艺术，各镇街风俗习惯，经济转型升级，园区经济资料等等。作者团队从不同角度进行交流、研讨，选取最适合使用者的素材，确定每一个主题的介绍范围和深度。为确保资料信息的准确性，借助网络查找当地的官网或对应的英文网，如东莞阳光网、东莞市人民政府网、今日东莞英文网（www.dongguantoday.com）等。

3. 按主题、语境设计教学目标

乡土教材的培养目标侧重实用性和口语化，以东莞文化、历史、经济等方方面面的用语为载体，贯穿听、说、读、写能力的训练。每个部分均创设真实情境进行导入，之后包含两个及两个以上的开放性教学活动，由浅及深，每一部分都在巩固前一部分知识的基础上，为下一步的语言能力提升做铺垫。

我们将每个单元设计为七个模块：

（1）Warming up（热身活动），以图片导入，将学生带入东莞现实

的生活环境中，激发学生学习英语的热情。

（2）Talk of Dongguan（听力部分），围绕东莞本地学生Liqi和外国友人James展开，通过他们之间的对话，对东莞的相关主题知识进行讲解，之后进行针对性的练习，由浅入深地引导学生去理解对话内容，并起着承上启下的作用，引出下一部分的内容。

（3）Read to Learn（阅读部分）是一篇按照本单元主题对东莞的某一领域进行简要介绍的英文短文。根据阅读理解的题目，设计形式多样的开放性教学活动，例如让学生对相关话题做进一步的自由表达、小组合作绘制思维导图、进行开放式讨论等等，训练语言的熟练和流利程度，通过配套练习使学生将语言知识内化为语言技能，开展多层次的运用，将技能发展为交际能力。

（4）Show Time（口语部分），根据主题创设有效的情境，设计开放性的教学活动，如用规范的英文介绍风景名胜、交流饮食习惯、指引道路等等，激发学生的英语思维，发展用英语解决问题的能力。

（5）Write to share（写作部分），根据主题开展不同形式的写作，提高学生应用语言能力、用英语思维的能力和解决问题的能力，提高想象力和创造力。根据单元主题利用身边丰富的学习资源，进行英文写作输出，如撰写导游册子、介绍东莞一日游、编写路线图或公园简介等等。

（6）Words Bank（单词部分），为减少学生阅读障碍，提升阅读能力，增加了实际交流中可能要用到的有关东莞概况的词汇和句子，帮助学生顺畅地进行英文表达。

（7）Let's read more（知识拓展部分），拓展相关知识，输入更多的语言信息，全面提升学生的英语能力。

在每个主题单元里，我们都纳入了开放性的教学活动，如让学生用英文进行采访、安排游览路线、介绍起居饮食、看图说话、编绘海报等。通过设计开放性的教学活动，提供真实的情境活动，调动学生的学习积极性，更好地服务和充实课堂教学。

（三）乡土教材的组织实施

乡土教材的有序实施是乡土教材顺利开展应用的重要保证。本教材可以用作综合实践活动研究性学习资料、学校选修课程资源，或结合所用教材作为补充材料。在使用的过程中，建议把教师讲授与学生活动结合起来，提倡师生根据教材话题的内容组织一些社会调查和实地参观访问活动，增强学生的感性体验，提高学生的英语综合运用能力。

（四）乡土教材的评价

开发乡土教材后需要通过实施不断修正。书编好后，我们选取试验学校，将本书用于教学实践中，根据使用的效果，不断修正。实施教学后，我们对师生分别进行问卷调查。

学生评价是：乡土课程很有趣，能用英语谈论自己生活周边的事物，很有成就感；72%学生觉得难度适中。

教师认为任务活动的设计联系学生生活实际，易于学以致用（78%），该教材能以学生为主体、教学过程及评价合理（83%），培养学生的核心素养（78.1%），实践教学的教师普遍认为图片导入部分编得最好（95%）。编写的教材也存在一些问题，如对话口语化不足（31%）等问题需要修正。针对实践教学的教师提出的修改建议，我们及时进行整理和记录，不断反思与修改，积累经验，弥补不足，以达到更完美的境界，在探究与实践活动中实现自我成长。

二、开发与实施英语乡土教材的意义

（一）激发英语学习动力

结合学生的生活经验和成长需求，编写这本内涵丰富、具有鲜明实践性和充满活动性的英语乡土教材，使学生的学习接近绚烂多姿、生动形象的现实世界，走进灵动、鲜活的地方乡土文化。英语乡土教材的开发与实施有助于改变"灌输式"教学的现状，改变对学生空洞说教的教学方法，让学生在积极主动构建英语知识的过程中体会到成功的喜悦。

（二）培育家国情怀

利用乡土教材，发展学生的思辨能力，培养其文化意识，提升学生利用英语对本土文化知识进行再认知、再理解的能力。

（三）助推教师的专业能力提升

开发乡土教材需要教师具备相应的学科素养、相关的编写技能、掌握基本的课程构建理论。在日常教学活动中，教师往往扮演着教材执行者的角色，而编写乡土教材需要打破常规，重新整合自己的知识体系，构建新型的知识框架；要善于多渠道收集资料，严格分析、筛选和整合材料，有特色意识和创新意识；作为编写者和使用者，要站在更高的层次去思考问题，以乡土教材为载体，将自己的创造性、融合性的教育理念付诸实践，传递给学生；还要培养自己的团队合作精神，我们深刻体会到只有团队同心协力、互相交流和学习，才能保证教材开发的整体性和统一性。

基于文化意识培养的英语乡土教学实践

中职英语课程的总目标是落实立德树人根本任务，进一步促进学生英语学科核心素养的发展，培养具有中国情怀、国际视野和跨文化沟通能力的社会主义建设者和接班人。发展学生英语学科核心素养，是深化英语课程改革的重大举措。文化意识是英语学科核心素养的内容之一，是促进学生全面发展的重要组成部分。

一、文化意识的含义

教育部《普通高中英语课程标准》（2017年版）指出，文化意识是对中外文化的理解和对优秀文化的认同，是学生在全球化背景下表现出来的跨文化认识、态度和行为取向。英语教学是培养学生文化意识的重要途径，学生文化意识的提升能进一步促进英语教学。英语教学可从挖掘语言文化内涵、拓展教材文化资源等途径来培养学生的文化意识。

二、文化意识培养中存在的问题

（1）偏重于词汇、句型、语法及语篇理解等语言能力和学习能力的培养，忽视对学生进行情感态度和价值观念等文化意识的培养。

（2）文化意识的教学活动单一化和模式化。

（3）以英语国家的文化为文化意识培养的主要目标，教学内容忽视中华本土文化。较少引导学生有意识地进行文化鉴别或批判性地汲取文化精华。

三、文化意识培养的探索

（一）乡土教材的开发

要解决以上存在的问题，开发具有本地特色的拓展性英语教材显得尤为重要。因此，在"一带一路"的大背景下，为了让学生们更好地介绍东莞，东莞高中英语名师工作室编写了 *Travelling through Dongguan* 的乡土教材，本书通过介绍东莞当地的自然经济、历史文化等内容，提高学生用英语就东莞的相关话题与外国友人交流的能力，激励学生热爱家乡、向世界讲好东莞故事的精神。

编者遵循乡土教材开发的原则，为学生创设贴近他们生活经验的情境，提升学生利用英语对本土文化知识进行再认知和再理解的能力；遵循"把以知识传授为主改为学生能主动参与、具有综合实践性"的原则，围绕16个主题，依托语篇，引导学生学习语言、运用语言进行理解和表达，发展其思辨能力，培养其文化意识。

佐藤学（2014）认为，学校应成为"学习共同体"，在教室中要实现"活动的、合作的、探究的学习"。本书编者力求在实施教学的过程中注重讲练结合与合理评价的具体要求，通过听、读、说、写、角色扮演等形式多样的教学活动设计，以个体、两人合作、小组合作等多种方式，学生能更好地参与、体验、理解并且内化，促进他们思维的发展和文化意识的提高。

（二）乡土教材的教学实践

笔者以第三章Districts and Administration为例，阐述通过创设有利于学习的情境、问题和活动培养学生文化意识的教学实践过程。

1. 教学内容分析

本章节主要介绍东莞的行政区域划分与管理，语篇文本为两段，第一段对话两个人围绕人口、华侨和运河等方面进行，第二篇阅读主要围绕市政府所在地、松山湖等地区展开。内容信息量大、词汇丰富。

2. 教学目标

（1）学生能够用英语表达东莞的行政区域、地理的划分，对片区、镇区进行介绍，加深学生对地理分布的理解，培养学生的家国情怀。学生能够介绍市政广场的有关建筑物。

（2）培养学生利用现有学习资源、开拓学习资源的意识，使英语教学内容更具有时代气息，激发学生对生活的体验、对社会的思考、对文化的关注。

（3）培养学生自主学习、合作探究的技能，实现"基于问题的学习""基于丰富资源的学习""基于目标的学习"以及"互动合作的学习"。

3. 教学设计思路

根据Kress &van Leeuwen的"多模态话语"理论（1996），借助视频、图片、地图调动学生的听觉、视觉等多种感官，激发学生的学习兴趣，培养学生的多元能力。先播放一段东莞区域介绍的视频，让学生通过东莞地图划分对七个片区的地理概况有基本的了解，深度挖掘两个语篇，通过对听、说、读、写的练习，层层推进，最后形成对本土文化的深入了解并能用说、写的形式输出，展示文化意识培养的效果。

本章节的教学设计紧扣主题，通过设置看、听、说、写的任务，与学生一同开启了东莞行政地理的虚拟旅程。教学设计由浅入深，通过扎实、具体的语言输入促成学生实现语言的有效输出。学生在主题情境中，通过理解认知、练习实践和迁移创新将语言、思维和文化融为一体，将语篇的内涵和精华内化为个人的学识修养和良好的品格。

4. 教学过程

每个单元由六个部分组成：热身活动、听力、阅读、口语、写作和词汇。根据教学内容的编制，笔者在教学中主要采用五步教学法：

Step1：Warming up引入话题，激发兴趣

课前让学生自学本章的单词，在网络上查找资料，了解这一章节的基本知识。课上先播放视频，引导学生观察教材上的地图，将片区名与图中的号码进行匹配；然后介绍各个片区的特点。学生分组合作进行观察和讨论，完成任务。

设计意图：重视学生课前预习习惯的养成，查阅即将学习的主题的有关资料。利用教材的图片、表格设计热身的任务和活动，激活学生已准备好的背景知识，激发学生对该主题的兴趣。

Step2：Presentation and Practice展示与操练

学习本章的重点单词、句型，通过听力部分听东莞人Liqi和外国友人Mr. James的谈话，了解东莞移民城市、侨乡和广东省最长的人工运河的亮点。判断对错和回答问题两道练习题紧扣文本而开展，有助于学生理解本章内容。

设计意图：本环节一方面训练学生听取主要信息的技能，另一方面是对语言表达方式的积累，为之后做导游介绍东莞打下语言基础，帮助学生养成文化自觉的习惯。加强对本土文化内涵的挖掘、批判、评价和鉴别，让学生充分认识自己的文化、历史和传统，汲取中华文化的精

华，将对于中华文化的认识内化为态度、修养，增强文化自信，实现在跨文化沟通中让世界了解中国的目标。

Step3：Presentation and Read to learn展示所阅读的内容

阅读部分，利用视频、图片等直观教具或多媒体手段，丰富学生对该部分文本的认知。

阅读有三段，第一段介绍东莞镇区的基本情况；第二段介绍东莞政府所在地——南城区的情况，包括交通和市政设施；第三段着重介绍东莞改革开放的建设成就——松山湖高新产业开发区的情况。为了巩固课文，笔者设计了两个练习，一题是选择、填空题，另一题是看市中心广场的平面图，为外国友人介绍如何到达这些市政设施的建筑物，练习指路的表达方法。

之后，笔者让学生分享他们收集的其他城市的行政地理情况，丰富学生对于国外一些城市的感受和认知，引导学生对中外文化进行对比。

设计意图：基于语篇内容深挖文化内涵，摆脱表层理解的局限，深入语篇信息中的价值取向层面，在教学过程中引导学生思考，树立自己的文化价值观。

Step2和Step3是本章的重点，讲练结合，通过对听力、阅读两部分文本的学习，训练语言的熟练和流利程度，通过配套的练习学生可以把语言知识转化为语言技能，进行多层次的运用，进一步发展为交际的能力。

Step4：Practice . Show Time.练习表演

口语部分，一是看图说话，将前面所学过的知识点进行回顾和巩固；二是看图介绍松山湖，难度加大。由浅入深，循序渐进，符合学生认知的发展规律。通过对说的练习，检查学生对本节课重点内容是否掌握，查缺补漏。

设计意图：基于语篇合理设计各类练习，还可以应用实践类活动，使学生从意识层面提升到了行为层面，从静态的文化感知上升到了应用实践层次。

Step5：Post Task.Write to share分布任务，写作分享

写作部分，根据主题，笔者设计了一个表格练习，让学生填写好表格后，将信息组合成一篇短文。通过这个写作练习，引导学生掌握写作的要素，如时间、地点、人物、事件、感受等。通过对写的练习，巩固和扩大教学成果。

之前的练习以说为主，本环节练习难度进阶，进入了写的练习。在分小组讨论之后，学生进入独立写作的过程。学生完成写作后，进行自我评价和互评，突出学生在评价中的主体地位，体现教、学、评三位一体的教学过程。

从学生熟知的知识入手，创设一个个与学生生活密切相关的问题情境，让学生带着问题进行思考，寻找解决问题的办法。要完成这个写作练习，学生可以通过网络查找答案，或者打相关咨询电话获得更精准的资讯。在发展语言能力的同时，也要发展思维能力，发展解决问题的能力，激发想象力和创造力。

设计意图：通过难度稍高的作业来巩固或延展知识点，拓宽知识面，让学生感受不同的文化氛围以提高其文化意识和学习能力。科学评价，以评导学，促进生成文化意识。充分发挥教学评价的反拨作用来培养学生的文化意识。

四、教学反思

通过本课教学，学生对主题有了深刻的理解，对东莞也有了更深入的了解；笔者通过实施五步教学法，开展形式多样的教学活动，为学生创造更多思考问题、解决问题的机会，渗透并引领学生内化文化理念，有效培养学生的文化意识，受益匪浅，实现教学相长。

五、结语

文化意识的培养是一个长期积累、不断渗透的过程。语言是文化的重要载体。以乡土教材为载体，创设真实的生活情境、融入本土文化有助于学生对英语的使用，有益于加深对中华优秀传统文化的认识与热爱。英语学科核心素养强调从多元文化的角度对文化意识进行渗透式培养，经过乡土教材的教学实践，笔者深刻感受到，通过这样的知识获取与应用的手段，学生能在自尊、自信、自强的价值观的引领下传播优秀的传统文化，实现跨文化的沟通，为学生的终身学习和全面发展打下良好的基础。

基于"产出导向法"的英语口语教学实践

2020年教育部发布了《中等职业学校英语课程标准》（以下简称为《新课标》）。《新课标》明确指出了中职英语课程任务，从"职场语言沟通""思维差异感知""跨文化理解"与"自主学习"四个方面体现学科核心素养，要求中职学生"能以口头形式陈述事实，简单表达观点和态度等""能识别简单语篇所包含的文化差异等"。可见，《新课标》注重培养学生的英语综合运用能力，对中职学生的口语能力提出了较高的要求。

一、中职英语口语教学中存在的问题

目前大部分中职学生仍然停留在"哑巴英语"的水平上，究其原因，中职英语教学中还存在以下问题：

（1）大部分学生英语基础不扎实、英语学习兴趣不强；

（2）学生欠缺行之有效的英语学习策略；

（3）教师的教学方法较传统、没有为学生创造英语口语交流的环境，大部分时间都专注于英语听力训练，使得学生所学的口语技能逐渐脱离实际运用；

（4）教学中出现两个极端，以教师为中心的"满堂灌"式教学，和"以学生为中心"下的过分放权于学生，导致教师边缘化。两种教学效果都不理想。

针对国内英语教学中"学用分离"的现状，文秋芳教授提出了"产出导向法"，形成了以教师为主导的"驱动——促成——评价"的教学流程。

为了解决中职学生"说不出的痛"的问题，可在探索中职英语口语教学方法中使用"产出导向法"，以提升学生的英语口语能力。

二、"产出导向法"的内涵

产出导向法（Production-oriented Approach，简称 POA）是由文秋芳教授（2015）于后方法时代的背景下提出来的具有中国特色的教学理论，以克服外语学习中"学用分离"的弊端，进一步提高外语在课堂上的学习效率和效果。该理论立足于解决我国外语教学中"重学轻用" 或"重用轻学"的常见问题，在保留中国传统教育理论的同时，汲取国外外语教学理论和教学实践的有益成分，其理论体系由教学理念（学习中心说、学用一体说和全人教育说）、理论假设（输出驱动、输入促成、选择性学习和以评促学）和以教师为主导的教学流程（驱动、促成和评价）三部分组成，为本土化英语口语教学提供了重要借鉴。

产出导向法的教学流程由教师主导的"驱动（motivating）""促成（enabling）"和"评价（assessing）"三个环节构成。在教学过程中，教师要充分发挥引领、设计和支架的作用。产出导向法的理论体系如下图所示。

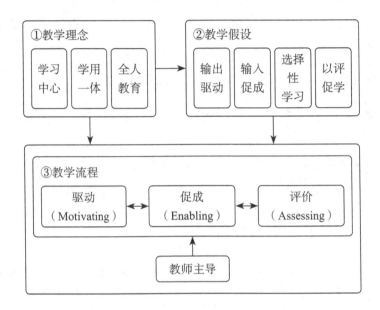

产出导向法以结果为导向，我们可以在英语口语教学中应用产出导向法，提高教学质量，以实现打造高效课堂的目标。

三、基于"产出导向法"的教学设计

以东莞英语乡土教材*Travelling Through Dongguan*中的Unit 13 Festivals in Dongguan第一课时 Listening & Speaking为例，进行基于产出导向法的教学设计。

（一）驱动（motivating）

"驱动"环节是教学的起点，包括三个步骤，分别为教师呈现交际场景、学生尝试完成交际任务、教师说明教学目标和产出任务，该环节旨在激发学生口语产出的欲望，为后续的促成环节做铺垫。教学步骤和要求如下表所示。

序号	教学步骤	教学要求
1	教师呈现交际场景 Watch a video about The Belt and Road.	场景具有交际性，话题具有认知挑战性
2	学生尝试完成交际任务 Question: What are the benefits of the Belt and Road?	让学生意识到自我语言的不足，产生学习欲望
3	教师说明教学目标和产出任务 Task: You are MESSENGERS. You are going to introduce our festivals to our foreign friends.	使学生明确交际与语言两类目标； 使学生清楚产出任务的类型和内容

设计意图：通过时事政治"一带一路"创设交际情境，以视频引入本课话题，布置本节课的任务，一方面让学生关心和热爱政治新闻，另一方面将话题转变为学生感兴趣的生活实际问题，激发学生的兴趣，产生学习欲望，进而产生学习的动力。

（二）促成（enabling）

"促成"是教学的主要环节，在这一环节中，教师需发挥主导作用，根据产出任务的需要和学生的当前水平，选取适宜的输入学习材料，指导学生对输入材料进行选择性学习，并提供适宜的"脚手架"，帮助学生完成口语产出任务。教学步骤和要求如下表所示。

序号	教学步骤	教学要求
1	教师描述产出任务 Introduce a festival briefly according to the pattern.	使学生清楚地了解完成产出任务的步骤和每一步的具体要求
2	学生进行选择性学习，教师给予指导并检查 Task1：单词学习及玩气球游戏 Task2：听力训练 听对话判断对错 The Labor-Selling Festival is only held in Dongkeng.	使学生能够从输入材料中选择完成产出任务所需的内容，指导并检查语言形式或话语结构

221

续 表

序号	教学步骤	教学要求
2	Students need go to school on the Labor-Selling Festival. The old and the young will go to the street and enjoy themselves. 听对话回答问题 ① When will people hold the Labor-Selling Festival? ② What will people do at the street on the Labor-Selling Festival?	
3	学生练习产出，教师给予指导并检查 Task3：口语练习 ① Read the dialogue and introduce the Labor-selling Festival. ② Give the students a pattern. ③ Introduce the Lotus Flowers Festival briefly according to the pattern. When introducing a festival, we can introduce the name, the date, the activities, the feelings and the food and so on.	使学生能够将选择性学习结果立即运用到产出任务中去

设计意图：1. 单词游戏。一方面检测学生预习单词和词汇的情况，另一方面为对话学习做准备。用气球游戏来吸引学生的注意力，使课堂更加生动、有趣。

2. 利用信息化手段制作动画，以动画的形式呈现对话，将枯燥的对话转变为形象、具体的画面，使对话更有趣。听说训练，学生在掌握对话内容的同时，提高学生解决问题的能力。

3. 练习对话，学生思考并总结形成介绍节日的模式。利用对话内容循序渐进地向学生展示介绍节日一般可以包括哪些内容，比如节日名称、时间、地点、食物、活动、起源、含义等等。

（三）评价（assessing）

"评价"环节是教学的检验阶段，在此阶段中，教师在学生完成产出任务之后采用同伴互评或师生共评等手段对产出成果进行评价、进行教学反馈。"产出导向法"的评价环节既包括学生在整个语言促成环节过程中的即时评价，也包括学生完成产出任务后的延时评价。教学步骤和要求如下表所示。

序号	教学步骤	教学要求
1	师生共同学习评价标准： 1. 用词、句型准确30%； 2. 能制作思维导图，利用思维导图进行讲解。思路清晰有条理30%； 3. 语音标准，解说流利40%	标准清晰、易懂、易对照检查
2	学生提交产出成果 口语输出应用 <table><tr><td>小组</td><td>Group show；思维导图</td></tr><tr><td>个人</td><td>个人任务单；节日介绍投票</td></tr></table>	提交期限清楚、形式明确
3	师生课上评价产出成果 Task 1: List some pictures and ask the students to say the names of the festivals. Task 2: Group work: each group chooses one festival to introduce. Task 3; Show the mind maps. Task 4: Vote the best group according to the performance and the mind maps. Task 5: Make an introduction of the festivals.	有效使用时间，对听众提出明确要求，教师评价有针对性
4	师生课下评价产出成果 拓展所学内容，引发学生的共鸣 Show the students a document by the government and call on them to promote our Chinese traditional culture.	师生共同参与评价，将学生陆续提交的产出成果作为形成性评价的依据

设计意图：1. 学习输入之后就到了学生输出阶段。学生以小组为单位对中国传统节日进行介绍，学生以小组为单位在课前制作的节日思维

导图在班级面前进行展示，参与的老师和同学们根据小组的group show 和思维导图投票选出表现最好的一组。

2. 学生以小组为单位能充分发挥主观能动性，自主探究学习，一方面有利于学生英语学科核心素养的发展，另一方面有利于学生团队意识的培养。

3. 思维导图的制作有利于学生在梳理知识的同时提升他们的思维能力。

4. 除了小组任务之外，个人还要完成任务单和节日介绍的任务，检验学生个人的学习成果。

5. 思政进课堂，给学生输入时事政治新闻，呼吁学生弘扬中国传统文化，引起共鸣。

四、教学反思

产出导向法教学改革了以教师为中心的"满堂灌"式教学方式，改变了"以学生为中心"的理念下在课堂教学中过分放权于学生而导致教师边缘化的现象，强调"学"与"用"结合。从本课例来看，"学"的环节扎扎实实地进行了输入性语言学习（看、听与读），"用"也实现了产出性语言使用（说）。产出导向法教学体现"边学边用、学中用、用中学，学用结合"，帮助学生摆脱接受式课文学习，而以课文为工具来进行学习，用英语完成产出任务，提升综合运用英语的能力。

通过本课的学习，提升了学生语言综合运用能力；融入信息化手段，渗透思政教育，培养了学生的思辨能力、自主学习能力和综合文化素养，实现核心素养的培养；教师在产出导向法实施中通过话题的选取（有助于树立学生正确的世界观、人生观、价值观或培养跨文化意识的话题）、输入材料的选择（能够培养学生家国情怀、拓宽学生国际视野的材料）和教学活动的设计（如合作学习、同伴互评等）三种途径来实现语言教育的人文性目标，促进学生的全面发展。

五、结束语

产出导向法在教学中发挥着显著的促学效果，体现在学生口语能力、语法词汇、语音语调、互动交际等方面。产出导向法作为具有中国本土特色的教学理论，能够有效克服传统外语课堂中"学用分离"的弊端，提高外语教学效果。产出导向法是一种顺应时代发展需要、打造"品质课堂"的教学模式，以信息技术为依托，以产出学习效果为教学目标，将各种教学因素进行多维度的、深层次的融合。"驱动（motivating）""促成（enabling）"和"评价（assessing）"三个环节步骤清晰，既发挥教师的主导作用，又突出学生在学习过程中的主体地位，调动学生的学习热情，促进合作式学习，提高了教学质量，打造了高效课堂。产出导向法是广大中职英语教师可尝试使用的一种教学方法。

附　录

乡土教材Travelling Through Dongguan

Unit 3 Districts and Administration

Warming up

1. There are 7 major districts in Dongguan. Can you identify these districts? Match them with the letters below.

A. Waterfront New District

B. Urban District

C. Greater Binhaiwan Bay District

D. Eastern Industrial Park District

E. Dashilong District

F. Songshan Lake District

G. Southeast District of Dongguan Boarding Shenzhen

（1）_____ 　（2）_____

（3）_____ 　（4）_____

（5）＿＿＿＿＿＿＿＿＿＿＿＿＿ （6）＿＿＿＿＿＿＿＿＿＿＿＿＿

（7）＿＿＿＿＿＿＿＿＿＿＿＿＿

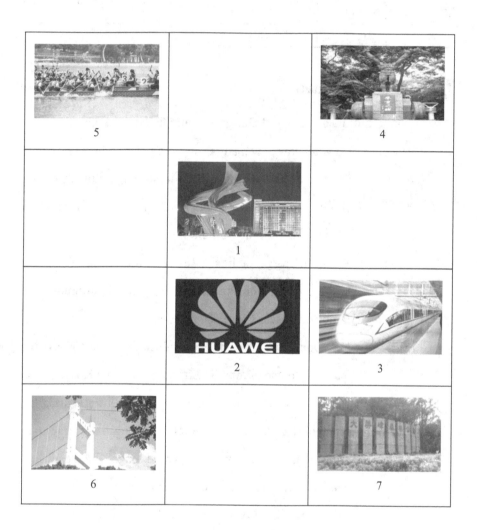

2. Share your experience.

Each district has its characteristics. Can you tell us the characteristics of each district?

District	Location	Which towns are included	Characteristics
Waterfront New district	West, Next to...	Zhongtang, Wangniudun, Machong, Hongmei, Daojiao.	Dragon boat races ...

Talk of Dongguan

Listen to the dialogue about Dongguan and finish the tasks.

Mr. James: Do you know how many people are living in Dongguan?

Liqi: Dongguan has over 8 million inhabitants, among whom about 2 million are local residents and more than 6 million are migrant workers.

Mr. James: Wow! Dongguan has a larger population than my hometown in Scotland. It is said that Dongguan is a famous overseas Chinese hometown, isn't it?

Liqi: Yes. Dongguan is the hometown of many overseas Chinese. It's the family origin of over 700,000 people in Hong Kong, Taiwan and Macao and over 200,000 overseas Chinese living abroad.

Mr. James: No wonder there is so much overseas investment in Dongguan! Is there any river going through Dongguan?

Liqi: East River and Dongguan Canal are the main rivers. Dongguan Canal is a human-made river dug in the 1960s with a total length of 179 kilometers. It is the longest canal in Guangdong Province, running through 22 towns in Dongguan. It is a historical miracle created by Dongguan people.

Mr. James: It's amazing! I hope I can have a chance to visit the great canal.

Liqi: If you are interested in having a city tour, I'd be happy to show you around.

Mr. James: That's great!

1. Decide whether the statements are true or false. Give a reason.

(1) Dongguan has over 8 million local residents.   T   F

(2) East River is a man-made river.   T   F

(3) Dongguan is a famous overseas Chinese hometown.   T   F

(4) Dongguan Canal runs through 22 towns in Guangdong Province. T   F

2. Read the dialogue and answer the questions.

(1) Is Dongguan a city of migrants?

(2) How many rivers go through Dongguan?

Read to Learn

Read the passage about Dongguan and finish the tasks.

Dongguan, which is divided into seven major districts, is a prefecture-level city with four subdistricts, 28 towns and an industrial park. The four subdistricts are Guancheng, Dongcheng, Nancheng and Wanjiang.

Dongguan Government is located in Nancheng Subdistrict, which is the political, economic, cultural and financial center of Dongguan. Nancheng has a convenient transportation network and many landmark facilities, including the Central Square, Conference and Exhibition Center, Yulan Theatre, Dongguan Exhibition Hall, Science and Technology Museum and Dongguan Library.

Songshan Lake is a high-tech industrial development zone with a superior ecological environment. It was established in November 2001. It was approved to build into a Pearl River Delta National Independent Innovation Demonstration Zone by the State Council in 2015. To date, over 4000 high-quality enterprises and projects have been attracted to the zone, such as Huawei, EAST Group and Shengyi Technology and so on. It keeps a rapid development in terms of economic growth. It is considered as a powerful "Innovation Engine" of Dongguan.

Thanks to the reform and opening-up, Dongguan has developed greatly. It has been awarded as the National Civilized City and International Garden City. Welcome to Dongguan!

1. Choose correct answer to fill in the blanks.

(1) How many subdistricts are there in Dongguan?

A. 7   B. 28   C. 4

(2) Which of the following statements does **Not** apply to Nancheng?

A. Industrial center

B. Cultural center

C. Political center

(3) Songshan Lake is regarded as _____ in Dongguan.

A. Innovation Engine

B. National Civilized City

C. International Garden City

2. Tell your foreign friends how to get to the large landmark facilities in Nancheng according to the picture.

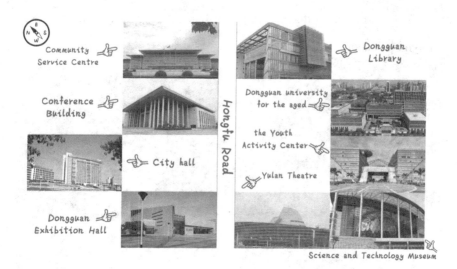

Show Time

A. Choose one of the following tips and act as a tour guide and a foreigner in pairs.

Dongguan has four subdistricts, 28 towns...

Dongguan has a large population...

Dongguan is the hometown of ...

Dongguan Canal is a man-made river...

B. If you are introducing Songshan Lake to your foreign friends, what will you talk about?

Songshan Lake Library

Huawei Europe Town

A view of Songshan Lake

Dongguan Vocational and Technical College

Write to share

Fill out the form below and write down the names of the towns in Dongguan which you have been to, and then write a short essay with the information.

Place	Location	Features	When	Why	How	Feeling
Xiegang Town	Lies in...	The Yinping Mountain Forest Park	last week	climb mountains	Guanhui Light Rail	Cool, great...

Words Bank

Expressions in this unit

administer [əd'mɪnɪstə]vt.管理	family origin ['ɒrɪdʒɪn] n.祖籍
attract [ə'trækt]v.吸引	financial [faɪ'nænʃ（ə）l] adj.财政的
overseas Chinese n.华侨	historical miracle ['mɪrək（ə）l] 历史奇迹
conference ['kɒnfərəns] n.会议	inhabitant [ɪn'hæbɪt（ə）nt]n.居民
create [kri:'eɪt] vt.创造	migrant['maɪgr（ə）nt] worker n.外来工
canal [kə'næl] n.运河	overseas Chinese 华侨
ecological [i:kə'lɒdʒɪk（ə）l]adj.生态的	political [pə'lɪtɪk（ə）l]adj.政治的
enterprise ['entəpraɪz]n.企业	prefecture-level ['pri:fektjuə] adj.地级的
Shengyi Technology生益科技	EAST Group易事特集团
With a total length of ...的总长度	University for the aged老年大学
The State Council['kaʊns（ə）l] 国务院	Urban public facilities[fə'sɪlɪtɪz] 城市公共设施
Youth Activity Center 青少年活动中心	Songshan Lake management council松山湖管委会

Expressions about this topic

Dongguan has over 8 million inhabitants, among whom about 2 million are residents and more than 6 million are migrant workers.

东莞有800多万人口，其中大约200万人是本地户籍人口，600多万人是外来务工人员。

With a total length of 179 kilometers, it is the longest canal in Guangdong Province, running through 22 towns in Dongguan.

全长179公里，是广东省最长的运河，流经东莞22个镇。

National High-Tech Industrial Base for the Information Industry

国家信息产业高新技术产业基地

Wangniudun Town is a water town located in northwestern Dongguan.

望牛墩镇是东莞西北部的一个水乡。

Mayong Town is famous for its water scenery, folk art and the dragon boat culture.

麻涌镇以水景、民间艺术和龙舟文化而闻名。

Dalingshan was the cradle of the Dongjiang River Column of Guangdong and was one of the anti-Japanese guerrilla [gə'rɪlə]bases in South China.

大岭山是广东东江纵队的发源地，是华南抗日游击队的根据地之一。

Fenggang Town is famous for its Hakka overseas Chinese culture and chess culture.

凤岗镇以其"客家华侨文化"和"国际象棋文化"而闻名。

乡土教材*Travelling Through Dongguan*

Unit 7 Festivals in Dongguan

📇 Warming up

1. Look at the pictures and match them with festival names below.

（1）_____　　（2）_____　　（3）_____

（4）_____　　（5）_____　　（6）_____

A. the Spring Festival　　　　B. the Lantern Festival

C. the Dragon Boat Festival　　D. the Mid-autumn Festival

E. the Qixi Festival   F. the Labor-selling Festival

2. What is your favorite festival? Why?

My favourite festival is _____ . I love it because _____

Talk of Dongguan

Listen to the dialogue and finish the tasks.

Mr.James： Hello, Liqi. What're you going to do tomorrow?

Liqi： I'm going to play water in the street!

Mr.James： Excuse me?

Liqi： Tomorrow is a traditional festival called the Labor-selling Festival. It is held on Feb. 2nd of Chinese lunar calendar every year. And now it has been a brand name of Dongkeng Town. The streets and town square will be all wet because it has become a Water Splashing Festival now.

Mr.James： Sounds interesting! Is the water splashing one of the activities on that day?

Liqi： Yes, there are many other activities, but I like it best. I can shoot or splash water to anyone I like. And they will not be mad at me. It is just like a carnival.

Mr.James： Will everyone go to splash water there?

Liqi： Almost! Especially the teens and children because students needn't go to school that day. Locals and visitors can enjoy themselves together.

Mr.James: Wow...That's awesome!

Liqi: Would you like to join us? It will be great fun!

Mr.James: Why not?

Liqi: Great! Then see you tomorrow!

1. Decide whether the statements are true or false.

（1）The Labor-selling Festival is held in Dongkeng Town.　　T　F

（2）Students needn't go to school on the Labor-selling Festival.　　T　F

（3）Mr. James won't go to play water with Liqi at last.　　T　F

（4）The old and the young will go to the streets and enjoy themselves.　T　F

2. Read the dialogue and answer the questions.

（1）What will people do in the streets on the Labor-selling Festival?

（2）When will people hold the Labor-Selling Festival?

（3）Is water splashing the only activity that day?

Read to Learn

Read the passage and finish the tasks.

According to the lunar calendar, May 5th is the official day of the Dragon Boat Festival. Local people in Dongguan often use Zongzi, a traditional festival food, as a bridge of friendship among neighbors. Families sit together to choose reed leaves, soak glutinous rice and wrap Zongzi while they are chatting with each other.

The uniqueness of Lingnan spirit is interwoven with the varieties of Zongzi and there are two general tastes of Zongzi, salty and grey. The salty one is also called rice dumpling, which is made of sticky rice, mixtured with salted egg yolks, mung beans and pork belly. This is the more popular choice for Donguanese. Grey Zongzi, also called Alkaline Reed, is just made of sticky rice. In contrast to salty Zongzi, it has a low level of simplicity.

The festival highlight is the Dragon Boat Race, which lasts for approximately one month across Dongguan's waterside areas. The audience will eat dragon boat rice and dragon boat cakes as they are watching the race with their families or friends. The dry Dragon boats will be displayed in some areas, such as Houjie Town and Changping Town. The boat racing competitions will also be held in other areas.

This is how Dongguan people spend their the Dragon Boat Festival.

1. Answer the questions below.

（1）What do Dongguan people use as a traditional festival food on the Dragon Boat Festival?

A. Dumpling   B. Zongzi

C. Moon cakes   D. Candies

（2）What will families do during their chatting when the festival is coming?

A. Choose reed leaves   B. Soak glutinous rice

C. Wrap Zongzi   D. All of the above

（3）How many tastes of Zongzi will Dongguan people eat that day?

A. One   B. Two

C. Three   D. Four

（4）Where will people display dry dragon boats?

A. Houjie and Changping   B. Humen and Changan

C. Nanchang and Houjie   D. Changping and Humen

2. Use the information in the passage to fill in the table below.

Facts about the Dragon Boat Festival	
Date	
Food	
Activity	

Show Time

A. Work in pairs and act as a tour guide and a foreigner. And introduce the following festivals or other festivals you like.

The Lotus Flowers Festival

The Spring Festival

The Qixi Festival

The Dragon Boat Festival

The Mid-autumn Festival

The "Mailan" Festival

B. If you are introducing the festivals of Dongguan to your foreign friends, which one will you choose?

Write to share

Your friend Nadia from England wants to know how you and your family celebrate the Spring Festival in Dongguan. Now reply to her by an e-mail and tell her what you and your family usually do during the Spring Festival.

Dear Nadia,

I'm so glad to hear from you. As you know, Chinese New Year is the most important celebration of the year. On this big day, we usually _____

_____

_____

_____

This is how we celebrate the Spring Festival. I hope you can come and enjoy the day with me.

I am looking forward to seeing you soon.

Yours,

Liu Yang

TIPS: If you want to know more about the festivals in Dongguan, click the website here: http：//www.dongguantoday.com/.

Words Bank

Expressions in this unit

activity [ækˈtɪvətɪ] n. 活动	highlight[ˈhaɪlaɪt]vt.强调；n.精彩部分
approximately [əˈprɒksɪmətlɪ] adv. 大约	interwoven [ˌɪntəˈwəʊvən] v. 交织
audience [ˈɔːdɪəns] n. 观众；听众	labor [ˈleɪbə（r）] n. 劳动
awesome[ˈɔːs（ə）m]adj.令人敬畏的，极好的	neighbor [ˈneɪbə] n. 邻居
calendar [ˈkælɪndə] n. 日历	splash [splæʃ] v. 溅，泼
carnival[ˈkɑːnɪv（ə）l]n.狂欢节	square [skweə] n. 广场；正方形

续 表

competition[ˌkɒmpəˈtɪʃn] n. 比赛，竞赛	sticky['stɪkɪ]adj. 粘的
display [dɪ'spleɪ] n. & v. 显示	simplicity[sɪm'plɪsɪtɪ]n. 朴素；简易
dumpling ['dʌmplɪŋ] n. 饺子	uniqueness [ju'niknɪs] n. 独特性
especially [ɪ'speʃəlɪ] adv. 特别地	wrap[ræp]v.包；裹
festival ['festəvl] n. 节日；庆祝	youth [ju:θ] n. 青年
friendship ['fren（d）ʃɪp] n. 友谊	in contrast 相反
a variety of ... 多种多样的	soaked glutinous rice 浸泡的糯米
lunar calendar 农历	reed leaves 芦苇叶
the Lantern Festival 元宵节	Lingnan spirit 岭南精神
the Water Splashing Festival 泼水节	salty and grey 咸味的和碱水味的
the "Mailan" Festival 卖懒节	waterside area 滨水地段
the Lotus Flowers Festival 莲花节	be mad at对……非常愤怒，恼火

Expressions about this topic

The 24 solar terms 二十四节气	Autumn begins 立秋
Spring begins 立春	Stopping the heat 处暑
The rains 雨水	White dews 白露
Insects awaken 惊蛰	Autumn equinox 秋分
Vernal equinox 春分	Cold dews 寒露
Clear and bright 清明	Hoar-frost falls 霜降
Grain rain 谷雨	Winter begins 立冬
Summer begins 立夏	Light snow 小雪
Grain buds 小满	Heavy snow 大雪
Grain in ear 芒种	Winter solstice 冬至
Summer solstice 夏至	Slight cold 小寒
Slight heat 小暑	Great cold 大寒
Great heat 大暑	The Mid-autumn Day 中秋节
Double-Ninth Festival 重阳节	The Tomb-sweeping Day 清明节
The Dragon-boat Festival 端午节	The Double-seventh Day 七夕节